理財

玩很大

透過簡單的遊戲，
從小建立正確金錢觀

姜堯民—著

▶▶▶ 目錄

Chapter 1 / 認識自己：你是哪一種投資人？

Chapter 2 / 投資策略：尋找獲利機會……

Chapter 3 / 風險管理：無風不起浪的投資人生

▶▶▶ 推薦序 1

透過「遊戲」方式，普及金融知識

這是一本很特別的書。

理財是每個人都需要面對的重要課題。因為不同的成長階段，青年、中年時需要儲蓄，以待留到老年之用，而理財的結果，更直接影響自身未來的消費能力。尤其過去二十多年來利率很低，更是讓所有投資人傷透腦筋。

但理財稍有不慎，就會產生重大錯誤。臺灣在 2005 年至 2006 年間，信用卡和現金卡逾放比率大幅提高，協商解決卡債的人數就超過二十萬。緊接著則是在 2008 年至 2009 年間發生的連動債、2015 年的 TRF……，幾乎每隔幾年就會發生重大投資人損失事件。

因此，怎麼透過簡單易懂的方式，讓更多人有正確的理財觀念，便顯得非常重要。不過這很困難，因為我們與生俱來就有很多不利於理財的傾向。過去四十年的心理學、財務金融學的研究中便發現，人們經常會出現這些行為偏差。諾貝爾經濟學得主康納曼在《快思慢想》（Thinking, Fast and Slow）一書中便認為，這些問題來自於人們的直覺式思考。要糾正這些直覺，一種方式是透過正式的教育，轉向邏輯式思考，金融專業人員走的就是這條路。只不過走這條路需要的時間較長、成本也高，更不容易普及。

而姜堯民教授這本新書則提供了另一個糾正直覺的可能性。透過遊戲

方式來加深印象，協助理解，書中提到了很多相關的例子，例如拍賣式賓果、卷軸迷宮等皆是。而遊戲方式的另一個好處是老少咸宜，可以從小建立正確觀念。

　　這些遊戲均是經過充分的實地運用後而來，姜教授不但在課堂上用於大學生、EMBA 學生們身上，近年來也在在台大財務金融系所校友會和台大 EMBA 校友基金會的支持下，從事偏鄉理財教育，將理財遊戲的優點傳遞給各地中、小學學生。這顯示出新書內容和金管會近年來推動的「金融知識普及工作」息息相關，充分發揮學術界的社會責任，令人欽佩。

胡星陽

國立臺灣大學管理學院院長
國立臺灣大學財務金融系教授

遊戲與學習理財：樂趣中的學習之旅

很榮幸有機會為姜堯民老師的新書推薦作序。

姜老師是筆者於 2021 年擔任台大財金系友會會長時的財金系主任，當年與台大財金系友會的學長學姊，在姜堯民主任帶隊下，來到許多偏鄉國中、國小，以遊戲學習做財金教育的推廣。隨著經濟高度發展，雖有各式各樣的金融新知識和商品環繞在我們四周，然而也有更多似是而非的理論充斥，也讓我們感覺到，對財金知識的充分了解不僅是必須，也是必要的。因此，在姜主任的指導下，我們計畫安排一些活動，其中包含姜主任親自教授－認識自己的財務需求，分別針對不同的需要，以遊戲學習提供財金知識，希望對我們青少年財金知識，有所幫助及了解。

特別在今天的數位時代，遊戲已成為許多人的休閒娛樂方式。從古老的桌遊到現今的手機、電腦遊戲，遊戲無疑已為我們提供了無盡的娛樂與樂趣。然而透過遊戲，我們其實還可以學到更多實用的知識與技能，其中最受矚目的，就是台大財金系姜堯民教授努力推廣的管理個人理財。

姜老師在書中提到 21 種遊戲，我對股票遊戲的印象尤其深刻，例如：如何因應局勢變化與產業特質，做出適當投資決策？在儲蓄遊戲中，選擇固定利率和機動利率有何不同？如何預測未來利率走勢，以便做出最佳的儲蓄決策。還有在競標遊戲中，應該在何時競標才能贏得最高的利息收入等，這些遊戲中的經濟活動，其實都與現實生活中的理財十分相似。在遊

戲中學會如何有效管理資源、如何做出明智的投資選擇，皆可間接提升我們在現實生活中的理財能力。

　　總括來說，財金遊戲確實提供了一個既獨特且有趣的方式來學習理財。它將枯燥的金融知識轉化為吸引人的挑戰，幫助我們在娛樂中吸取知識。只不過，要成為一名成功的理財投資人，還需要透過其他途徑深入學習才行，唯有結合理論與實踐，才能真正達到投資理財的目標。所以，下次當您我沉浸在遊戲的世界裡時，不妨想想看，我們能從中學到何種的理財智慧？

　　再次感謝並恭喜姜老師的新書成功上市。

蘇哲生

台大 EMBA 校友基金會董事長暨校友會會長
和宏投資股份有限公司董事長

▶▶▶ 推薦序 3

理財要理得好，正確觀念不可少

　　我與姜堯民教授是從 2021 年開始合作「玩遊戲學理財」的偏鄉財金教育活動，記得當時我正在台大 EMBA 校友基金會擔任公益委員會主委，帶領著一群台大簡報課助教做偏鄉簡報表達教育。當我接到那時擔任台大財金學會蘇哲生會長的邀請，第一次和姜教授碰面時，那時的姜教授是台大財金系的系主任，姜教授因著對財務金融的一份熱情，精心設計許多財務遊戲來推廣財務觀念。而我基於表達教育推廣的簡報經驗，加上與台大財金學會持續想將理財的正確觀念帶到偏鄉，雙方很快地便開始合作。而我和姜教授架構「玩遊戲學理財」課程推廣構想，從過去簡報表達教育課程接觸的學校中，敲定了第一場到澎湖鎮海國中的理財教育……。

　　在這一場澎湖的理財教育課程中，第一次看到姜教授如何從遊戲中將理財的觀念帶給學生，沒有八股的教條，透過遊戲融入的方式，讓學生自然而然地學習到理財的基本觀念。參與第一場理財教育課程的學員反應熱烈，讓我們信心與熱情大增。於是，台大財金學會到台大 EMBA 校友基金會，大家開始了一場又一場的理財教育，從澎湖、馬祖、金門、台東、花蓮、霧社的偏鄉學校，處處都有「玩遊戲學理財」的課程足跡。

　　理財規劃是一輩子的事情，透過姜教授的遊戲設計，讓我們可以輕鬆了解，在我們面對的投資市場裡，什麼是效率市場？什麼是完美市場？在投資習性分析中，了解自己的風險規避程度和投資的風險偏好。此外，透

過猜數字的遊戲，姜教授讓大家明白什麼是理性的投資人和非理性的投資人？股市裡，誰在做空誰在做多？為什麼明明有標準答案，但是大家的答案竟非標準答案？

又或是透過抽泡麵的遊戲來說明投資策略的部分，讓大家了解什麼是散戶？什麼是共同基金？什麼是停損？什麼是停利？在猜顏色的遊戲裡，學會分散風險和計算機率，教導同學們要集中還是分散投資？甚至是經由猜黑白球的遊戲，讓參與的同學快速了解簽賭的市場中，為什麼莊家全贏？進而帶入效率市場的觀念。

每一場玩遊戲學理財課程的最後，姜老師和我都會準備一個福袋，請各組同學收集現場的 1 塊錢，看那一組同學的 1 塊錢最多，就可以把福袋標走。由於在課程進行中，我們會設計使用 1 塊錢的遊戲，很多同學可能在當下的遊戲裡，就已花掉所有 1 塊錢。因此，在進行這個遊戲時，總是會聽到有些同學抗議自己早在先前的遊戲中便已用完身上的 1 塊錢……；但即便如此，仍是會有同學是將這 1 塊錢留到最後並把福袋標走。一個簡單的遊戲讓同學了解「留個底，以備不時之需」的重要且印象深刻，是不是很神奇！

你不理財，財不理你，理財要理得好，正確觀念不可少，經過與姜教授這麼多場的理財課程實證，真心推薦本書，讓你輕鬆學會正確的理財觀念。

第 21 屆台大 EMBA 校友基金會董事

▶▶▶ 推薦序 4

透過「玩遊戲學理財」，
實踐財務自由的夢想

　　生財需要道，理財要有方，人生需要規劃，財富需要打理。

　　對於理財，我一直都是依靠銀行理專的專業，但每次理專在與我匯報技術分析、市場分析、風險、機率勝算時，我總是似懂非懂，孰不知其實內心是有很多問號的。因為我一直在想，有沒有簡單易懂的方式能讓人快速理解正確的理財觀念？

　　剛好那年，我擔任台大財金系友會執行長，正在規劃未來二年的活動，台大財金蘇哲生會長提出「偏鄉教育」是這一屆活動中的重點活動，並且親自與當時的財金系系主任姜堯民教授當面請益！姜教授聽完我門的訴求後，馬上熱情地做出回應並且熱心指導，但由於大家都是來自各個不同的領域，我們並沒有執行偏鄉教育的經驗，所以進一步特別邀請台大EMBA校友基金會公益委員會曾文和主委來主導，而第一場便選在澎湖的鎮海國中舉辦！

　　活動過程中讓我驚艷不已的是，姜教授的理財教育方式正是我心裡所想的模樣，藉由玩擲骰子、猜數字、抽泡麵遊戲的過程，讓大家快速學習到投資時務必要做到了解金融商品的重要性，以及該如何落實分散風險、資產分配等觀念，而透過這些遊戲的學習，讓每個人都能夠在樂趣中學到寶貴的理財知識和技能。

　　理財就像是一場馬拉松比賽，比的是耐力，需要的是有計畫、發揮耐心和原則性。

　　姜教授出版本書的目的是，希望能夠幫助更多的讀者建立堅實的理財基礎，理解金錢的價值和力量，並且從中學會如何聰明地使用。我相信透過本書來達到「玩遊戲學理財」的目標，肯定能夠激發大家對理財的興趣與熱情，幫助你我建立信心並採取行動，最終實踐財務自由的夢想。

王翊菲

第 21 屆台大 EMBA 校友基金會榮譽董事／秘書長

為推廣理財教育盡力，
是你我一窺理財堂奧的開始

因為跟著台大 EMBA 校友基金會的偏鄉理財教育團隊進行服務，有幸能認識姜堯民教授。記得剛開始對姜教授的敬畏比較多，在幾次出團後，和學長姐們一起在過程前後，都接受過姜教授給予的溫暖與支持，活動後堅持不願居功的態度，心中更是無比佩服。

還記得某一次姜教授帶猜數字遊戲中，說了一句有意思的話，他說「如果你不知道遊戲邏輯，那你下去玩不就是等於任人宰割？」想想還真是這樣……。在華人社會中，談錢似乎俗氣了點，那既然不談錢，更遑論好好理財。

我自己也是出社會多年，在各式各樣的金融工具中繳了很多學費，甚至是到了台大 EMBA 經過系統性學習，才只能說略懂略懂。跟著團隊做服務的過程中，跟著姜教授、學長姐與孩子們從遊戲中一起學習，也因為這些累積，除了強化概念外，更深知當一個人對於自我和財務的理解不足，人生中會錯過多少機會，造成多少無謂損失。

感謝姜教授把理財變成遊戲，用深入淺出的方式，帶入各種金融工具的運作邏輯，讓各類型讀者有機會能從中理解理財是怎麼一回事？更進一步做好自己最佳人生規劃，趨吉避凶。這本書不僅是帶孩子一窺理財堂奧的開始，更是成年人建立一個完整理財架構的入門。

　　這些日子以來，許多朋友每每看到理財教育團隊出隊到偏鄉，心中都羨慕不已，甚至主動聯繫安排課程，在團隊裡面偶爾服務的我也與有榮焉，可惜因為人力、物力與時間限制，每次能服務的對象還是有限，或許也是如此，姜教授把這些實際操作，切實可行的理財遊戲付梓，相信能給更多需要理財教育的朋友們更實質的幫助。

　　理財向來不只是理財，更是梳理自己的心。本次有幸受邀為姜教授寫推薦序，見證姜教授的無私付出，心中滿是惶恐與學習尚待精進的慚愧，但如果能當作是在過去這段時間，回饋教授給的指導與啓發，進而能為推廣理財教育略盡綿薄，也算是不枉受之於社會與學校一切的幸運與美好。

徐佳馨

台大 EMBA 財務金融組碩士
住商機構企研室總監

▶▶▶ 推薦序 6

理財，原來是「兒戲」！

　　從事金融保險業近 20 年，成功理財是生活中每一項細節，以及成就未來的基本要素；從風險規劃上我們知道，人生如戲，戲如人生，很多事情總是人算不如天算，本該避險的就不該浪費成本去追逐。因此，如何成為金融資訊爆炸時代下，不可或缺的永續關鍵，姜教授目前在推廣的理財課程，就是很重要的寶藏！

　　我在台大 EMBA 財金校友會擔任慈善公益主委時，和姜教授在澎湖的偏鄉理財教育推廣時認識，當時 COVID 疫情爆發，影響保險業甚鉅，身為 CFP 持證人，更要走到偏鄉理財推廣教育，為此，我很榮幸可以跟隨姜教授，並且透過台大 EMBA 校友基金會董事長蘇哲生推薦，與徒步環島的曾文和學長聯繫活動、王翊菲學姐安排；與不動產天后徐佳馨學姐，投資天后黃意晴學姐共同教學；以玩遊戲學理財的篇章，實踐理財教育及落實理財知識平權！從參與的澎湖、馬祖、台東等地，我發現當地的國、高中孩子求知若渴，且課程的參與度以及學習態度，相較於北部的孩子來得更積極，事後回饋也很踴躍！這也是我們的理財目的以及意義，以理財來認識自己，遇見希望未來！這是身為我有三位國小、國中及高中孩子的母親心願！

　　從課程中的認識自己，如同我們投資型保單的 KYC，了解客戶的風險偏好、容忍程度，才能明白自己的需要（鋼需）以及理想的想要，到分

析自己的消費習慣重整消費態度。下課時間可以背誦理財英文單字,理財遊戲拿到的點數可以在福利社買文具,一直到疫情蔓延情境實驗 Covid-19 隔離七日的選擇,以及保險的重要性卷軸迷宮下的風險控管;還有孩子最愛的抽泡麵遊戲引導投資策略的規劃,丟骰子來學習統計以及個股的投資報酬率等,透過歡樂玩遊戲來輕鬆學理財,真是一本兼具理論及實務的傳家寶,更是成為您和孩子間的親子教育連結。成功就要以理財來搶先一步,投資這本書,宛如親臨偏鄉教育現場,讓您也成為理財平權的實踐者,當然要推薦親朋好友,以理財共好,以遊戲共學!

劉珈君

台大 EMBA 第 21 屆慈善公益委員會主委
永旭保險經紀人永信營業部負責人暨資深副總

巡迴各地，玩遊戲教理財

我一直秉持 「透過多樣的財務遊戲，深入了解自己，並學習理財」的信念。

隨著經濟及財務日漸成熟發展，投資理財儼然成為民眾生活的一部份，正確的理財觀念變得非常重要。之前的卡債風波造成許多人的財務危機，進一步引發嚴重的社會問題，更讓我們了解到正確財務觀念的重要性。隨著台灣金融市場的開放和多元化，接觸金融投資產品與支付工具的年齡層也有不斷下降的趨勢。因此，從學生時代起培養理財的概念，日益重要。

財務遊戲及財務教育的觀念，在國外已被廣為研究及推廣，網路上查「Financial Literacy」及「Game」可以看到許多理財遊戲及活動。像是VISA 推出「Practical Money Skills」，以教學及遊戲的方式並透過光碟等輔助教材，教導學生存款、銀行存款、信用額度、預算等基礎財務觀念[1]。此外，美國「National Endowment for Financial Education」此一非營利團體為協助美國民眾了解投資理財，也推出專為年輕人設計的理財遊戲[2]。民間遊戲廠商更是不落人後地開始進入這個新興的遊戲領域，例如美國遊戲製造商 LavaMind，也開始推出類似模擬的財務遊戲[3]。由此可見，財務遊戲及財務教育在國外已經獲得民眾重視，並有許多團體正在積極地發展中。

台灣也有個人或企業、社團基金會等民間力量投入青少年財金教育，

像是金融研訓院便曾舉辦過「高中職學生理財研習營」活動[4]。此外，國內也有引進國外的財務遊戲，希望透過財務遊戲的方式來教導學生正確的理財概念，落實「窮爸爸」也可以教出「富小孩」的夢想。

我們認為必須儘早教導下一代正確的理財觀念，才能適當地為自己累積更多財富，並使台灣的經濟成長能有更突出的表現。也就是說，以財務遊戲教導年輕人正確的財務、投資、理財觀念，不僅可以幫助民眾具備更有效率的理財觀念，同時也可減少因貧窮造成的社會問題，進一步帶動國家的經濟發展。

不管是學習語言或音樂，大家都是強調年紀越小學習效果越好，財務概念自然也不例外。如果能夠從小就建立正確的財務概念，並讓這些正確概念陪伴他們一生，那麼日後只要遇到和「金錢」有關的議題，相信他們肯定都能做出正確的決定。小至存錢買自己喜歡的東西，大至申請助學貸款、投資的選擇，都可用正確的財務概念去決定。

教導學生了解財務觀念的方法必須淺顯易懂。因此，本書希望透過簡單、貼近生活的財務小遊戲，傳達正確的財務觀念。例如透過「抽泡麵」的小遊戲來傳達有關於投資策略的概念。一套完整的財務遊戲，可以教導學生一生受用不盡的理財觀念，使這些學生長大後可以善用這些概念，做出適當且正確的財富規劃。

在台大 EMBA 財金校友會會長暨台大 EMBA 校友基金會蘇哲生董事長的支持下，一群 EMBA 學長姐與我開始到全台各地中、小學做偏鄉理財教育。希望透過遊戲的方式，將財務教育與中小學課程結合在一起，以

期培養學生從小樹立正確的財務概念。我們希望透過玩遊戲學理財來拓展青少年的思想空間,並使其了解財務知識,懂得為自己的人生做規劃。

當接到各校邀約的任務時,我們必須先要了解對象是誰?是小學生、中學生、高中生、大學生還是 EMBA 學生甚至是社會人士,甚至於是幼兒園的小朋友。以及了解有多長的時間可以使用。有些學校利用公民週時間安排各種主題的演講及活動,給予的時間便比較充裕,可以是上午 9 點到下午 4 點。另外像是安排夏令或寒假活動,也可以是一天的時間。大多數的學校於在學期間,較難安排長時間來進行活動,有時只有兩小時左右的時間。有鑑於不同的對象及時間限制,所以我們必須挑選合適的遊戲及課程,有時甚至得想出新的遊戲來配合。

以一所國小五、六年級學生為例,校方提供六小時的時間,讓我們可以安排以下的活動來進行(參見表 1)。

中、小學生活動的一個重要特色在於,我們會開設福利社,所以我們會發放財金教育券給學生們當籌碼,他們便可以此拿來購買文具,或是參加投資遊戲。為了避免學生把財金教育券花光在文具用品的購買上,所以必須有所限制,例如只能用掉一半的財金教育券來買文具,必須預留足夠的財金教育券來參加投資遊戲等等。也為了要對小學生強調記帳及預算的重要性,因此我們會發給每個人一張收支表,請他們在收支表上詳細記錄財金教育券的使用及投資獲利的情形。例如安排一個「來去高雄 5 日遊」的遊戲,要求學生們必須編列預算,並在遊戲過程中緊切觀察費用的使用情形,以免花光預算,流落街頭。

表 1：中、小學生課程安排範例

時間	標題	內容	負責人
09：00～09：10	開幕	・請校長致詞 ・說明此次財金教育的目的	
09：10～09：20		・說明今天課程的安排 ・說明財金教育券的用途	
09：20～10：00	認識自己	・了解風險偏好／容忍程度 ・了解需要與想要 ・分析消費習慣	
10：00～10：15	休息時間	福利社開放買文具	
10：15～11：30	需要與想要	・隔離 7 天的選擇 ・來去高雄 5 日遊	
11：30～12：00	保險的重要性	卷軸迷宮	
12：00～13：00	午餐時間	・吃飯 ・拼字遊戲 ・福利社開放買文具	
13：00～14：00	投資理財	・抽泡麵 ・投資組合－抽色紙，雙心石滬	
14：00～14：45	簡報比賽	・抽題目，準備 ・做簡報，練習報告；上台做報告；比賽，限時間	
14：45～15：00	心得分享，頒獎	・買福袋 ・發表心得 ・頒獎	
		賦歸	

製表人：作者

　　最後一定要安排心得報告，訓練小朋友的表達能力，這也是此項理財活動順帶而來的訓練機會。心得報告可以了解小朋友的學習狀況，並且獲得回饋。另外要注意的是，許多小組活動中，小朋友參與度不高，所以必須設計好每位小朋友的負責工作，並請工作人員協助，讓每位小朋友都能積極參與活動。

　　以高中生的活動來說，他們需要了解的是遊戲背後的財金意義，也同時要檢驗他們的學習能力與學習效果（參見表2）。這當中有一個很特別的遊戲是，請大家背誦與財金議題有關的英文單字。這個設計理念就像是「Flash Card」的概念。事先發給每位同學一份財金專有名詞的列表，其中包括英文專有名詞及英文解釋。遊戲開始時，我們利用投影機來隨機抽出一個財金英文專有名詞，並找一位英文流利的工作人員唸出該財金專有名詞的英文解釋，再讓背對投影片的同學們搶答，舉手說出是哪一個名詞，並正確拼出這個單字。

　　每個活動都可以問學生感想及有何疑問，透過與學生的互動來啟發更多的內涵。高中生多會希望我們能在課後頒發課程證書給他們。

　　我們會先將課程安排計畫寄給主辦學校確認，若校方有問題便得適時修正。接下來則是準備上課使用的器材，主要是以下三部分：

　　（1）上課講義：包括投影片、Excel檔案、單字表以及列印個人、小組活動單。

　　（2）糖果、巧克力、泡麵、福袋及文具用品等。

　　（3）教具：包括骰子、彈珠台、卡片、黑白圍棋、色紙等。

表 2：高中生課程安排範例

時間	主題	內容	負責人
09：00～09：10	開幕	說明此次財金教育目的	
09：10～10：15	認識自己	·填問卷：風險偏好，用錢習慣 ·發糖果 ·了解需要與想要	
10：30～12：00	投資策略	· 0～100 ·抽泡麵 ·猜色紙 ·黑白球 ·股票投資	
12：00～13：00	午餐休息	抽簡報題目，做簡報	
13：00～13：45	風險管理	·買保險 卷軸迷宮 ·拍賣式賓果	
13：45～14：25	3分鐘簡報	·做簡報，上台報告 ·競標福袋	
14：25～14：30	閉幕	頒發課程證書	

製表人：作者

　　最後便是在活動結束後進行檢討會議，參與的 EMBA 學長姐會提出在觀察了整場活動後的優缺點及建議，讓活動一次比一次進步、順利。像是問卷內容、進行方式、時間安排、小組成員工作分配、遊戲內容調整及投影片調整等各項缺失。

　　再次感謝台大 EMBA 財金校友會，以及後續任台大 EMBA 校友基金會蘇哲生董事長的大力支持，讓這項偏鄉理財教育活動方才得以繼續展

開。尤其要感謝曾文和學長每次負責聯繫安排。而眾多學長姐，如王翊菲學姊、徐佳馨學姊、劉珈君學姊、黃意晴學姊、陳瑞斌學長、高山鎮學長、陳英一教授、及簡敏哲學長等人的共襄盛舉，協助活動順利進行，在此致上深深謝意。有時我也會帶著兒子一同前往，趁機在當地安排一場徒步旅行。

感謝這一切的安排，如此的美好。

姜堯民

導 讀

起心動念：好好玩遊戲，輕鬆學理財

利用簡單的遊戲，來進行「財務教育」。

財務觀念是比較抽象又較難以理解的，所以本書希望能以「從玩中學」，透過財務遊戲來教導學生一些基礎且實用的財務觀念。財務遊戲的設計，是以模擬真實社會中的財務狀況，進行所謂的「財務教育」。

關於實驗財務（Experimental Finance）及財務教育，在學術界已經被廣泛的討論，許多論文及書籍均有討論到相關議題。由 Kagel and Roth（1995）所撰寫的《The Handbook of Experimental Economics》書中便已詳盡地介紹實驗經濟的概念，更延伸到實驗財務且提及議價、拍賣等常見的財務議題。Gneezy、Niederl and Rustichini（2003）在其論文中[1]，也運用實驗財務的概念設計遊戲，藉以進行性別差異的實證研究。透過許多財務相關的論文證實，實驗財務是一個兼具理論與實務的概念，而我們透過實驗財務理念來設計的財務遊戲，自然可收事半功倍之效。

我們會利用一連串淺顯易懂的小遊戲，逐步教導學生各種簡單財務觀念，並在遊戲過後指導學生，如何做出最有利的財務決策。希望透過簡化但適合在課堂上操作的小遊戲，成功達到以下幾個目的：

1. 認識自己

2. 尋求獲利機會

3. 謹慎小心

這些目的是從華倫 ‧ 巴菲特（Warren Buffett）的老師班傑明‧葛拉漢（Benjamin Graham）所提出了三個投資的鐵律所衍伸出來的。

Principle No.1：Always Invest with a Margin of Safety

Principle No.2：Expect Volatility and Profit from It

Principle No.3：Know What Kind of Investor You Are

我覺得這些鐵律應該反過來看，希望遊戲設計圍繞以上這三個主題，讓參與者先了解自己，能夠從中發掘投資機會，並且做好風險管理。

「抽泡麵」是我第一個想出來的理財遊戲，也是最受歡迎的一個遊戲。當年兒子的小學老師邀請我到學校做家長職業介紹，並給我兩個方向：一是專業部分，另一個是小時候的故事。專業的部分是財金，而小時候的故事只有在田裡玩、水裡游、山上跑的故事，如何結合這兩個議題，著實讓我傷透腦筋。我想起兒時，媽媽會給我 5 毛錢或 1 塊錢當零用錢，而我會拿著零用錢到籤仔店去抽王子麵：雙號中獎，單號沒中。只要運氣好，便有麵可吃。而我的運氣一向不錯，有時也會 1 塊錢連續抽中兩包泡麵。

那麼我就來講講「抽泡麵」的故事，再來就是它具備何種投資理財的涵義呢？

於是，我設計了這個「抽泡麵」遊戲，付予它理財的內涵，這也促使了我後來陸續開發許多簡單理財遊戲。

日後每當我看到一個遊戲，我便會思考這個遊戲能夠帶出什麼財金意

涵？或是可以做出什麼修正？像是小女兒在玩「5*5 賓果遊戲」時，每當抽到第五個號碼時，她總會希望有一個極想要的號碼能夠出現……。這啟發了我想出「拍賣式賓果」的遊戲，參與者透過投標的方式來購買他極想要的號碼。而讀到鄉下老鼠與城市老鼠的故事時，想到要到城市去旅行有預算及行程安排的問題。這也讓我想到了「來去高雄 5 日遊」這一個情境式遊戲。

相反地，我也可以從財金理論、財金知識出發，發想一個遊戲來闡釋。但這個方向比較難。像是「效率市場」的遊戲，當市場沒有效率時，會有套利機會。「黑白球」的遊戲則不但體現了效率市場的問題，更隱含了球賽賭博的不公平。

遊戲設計原則，可以是個人也可以是小組。小組部分強調小組討論決策。網路上可查到有人用「Flash Cards」的形式來做搶答遊戲，有人則用「大富翁」形式來進行遊戲做理財教育。而我的原則是利用簡單的遊戲來讓參與者體認投資理財的涵義。

有許多活動是以小組形式進行，但活動進行過程中可以發現，有許多小朋友的參與度不高。要不是大家都不曉得怎麼辦，要不就是有人全程獨佔所有的決策。因此，小組活動時必須安排每一位小朋友的工作，在遊戲進行前，要先確認好每一個人的工作及角色。高中生以上則須告知有哪些工作要做？小組的分工及執行，則由參與者自行調整，無須介入。

拍賣是常用的一種理財教育方式，需要參與者思考投資，並且提供遊戲執行的攻略。

　　情境式遊戲是一個很好的應用。譬如設計「來去高雄 5 日遊」的預算遊戲，就是以情境做為背景來設計遊戲。

　　到各地去做理財教育時，也能配合當地風土民情做設計。前往馬祖做理財教育時，我們便配合當地的旅遊名勝來連結各項遊戲，進而設計了「馬祖高中生帶你跳島遊馬祖」的遊戲（參見表 3）：

表 3：「馬祖高中生帶你跳島遊馬祖」課程安排

活動	島	遊戲	教育目的
尋鹿迷蹤	大坵	抽糖果	認識自己
硬地超級馬拉松	北竿	黑白棋	未來事件交易所
夜賞藍眼淚	東引北澳	抽色牌	投資組合
元宵擺暝嘉年華	東莒福正村	拍賣式賓果	選擇權行使
鐵板燒塔節	南竿仁愛村	抽泡麵	投資策略
媽祖昇之祭	南竿	需要與想要	分辨需要與想要
都市叢林	臺北	買股票	基本面分析

製表人：作者

　　而到了南投日月潭，我們也做了類似的嘗試，藉以吸引參與者的興趣，遊戲名稱便叫做「環湖遊日月潭」（參見表 4）。

　　總之，理財遊戲設計的原則就是要簡單，希望讓小朋友「好好玩遊戲，輕鬆學理財」。

表 4：「環湖遊日月潭」遊戲安排

活動	地點	遊戲	教育目的
萬人泳渡	朝霧碼頭	抽泡麵	投資策略
單車環潭	環潭公路	卷軸迷宮	保險的重要性
月老星君聖誕	文武廟	需要與想要	分辨需要與想要
求姻緣	龍鳳宮	抽 色牌	投資組合
日月潭環湖馬拉松	向山遊客中心	黑白棋	未來事件交易所
國際花火音樂嘉年華	伊達邵碼頭	拍賣式賓果	選擇權行使
都市叢林	臺北	買股票	基本面分析

製表人：作者

1. Gneezy, Uri, Muriel Niederle, Aldo. Rustichini, 2003, Performance in Competitive Environments: gender Differences, Quarterly Journal of Economics, 118 (3) (2003), pp. 1049-1074

Chapter 1

認識自己：
你是哪一種投資人？

我們從課堂上，從雜誌上，從網路上，從理財規劃師那兒學習到了各種知識，吸收新的資訊。我們是吸收了許多的理財知識，問題是我們真正懂得其中的道理了嗎？我們有能力執行投資策略，達成這些理財圭臬嗎？理財不難懂，這本書用簡單的遊戲介紹您正確的理財概念與投資策略，讓您了解 Financial planning as simple as child's play。

　　活動開始，我會請參與者們想一想，並舉三個例子說明自己與金錢之間的關係，或是描述自己花錢的經驗，不論好壞都可以分享。分享者必須說明所舉的例子對其日後的人生有何影響？又是否有採取何種方式來改變它所帶來的影響？

　　比如說，有一位先生極不贊成參加標會，也不允許家人跟會。探究其原因是他從小便經常聽到母親在煩惱家中沒餘額繳會錢。在他的記憶裡，繳會錢是一件令人擔憂的事，而沒錢更是一件可怕的事，所以他不跟會，並且隨時保留一筆現金以備不時之需。推究其影響在於，這位先生過於謹慎，導致缺乏彈性，進而喪失一些投資獲利的機會，反觀好處則是，他會努力賺錢、存錢，確保家人生活無虞。

　　我一直很想讓參與者說說自己與金錢之間的關係，但每次總是沒有人自願上來分享，即使點名，大家的意願也不高。我其實主要是想從分享者所描述的故事中去找到投資理財的盲點，以及應該注意並學習的地方。譬如說，有人參與了某項投資，結果被騙、虧錢了，而這究竟是是因為不懂投資，還是市場改變所導致的財務損失？

　　理財規劃是一輩子的事，及早教導孩子理財概念，讓他們及早學會儲蓄，正確使用金錢，這將對其後續的人生有著重大的影響。畢竟直接灌輸孩子們理財概念，有時對他們來講確實是太難了，但若能應用簡單的遊戲來引導，確保他們從小學理財，長大沒煩惱。

　　我們從課堂、雜誌甚至從網路上，或是從理財規劃師那裡學習到各種知識，吸收新資訊。當然這確實是吸收到了許多理財知識，但問題是我們

真正明白箇中的道理嗎？我們屆時真有能力執行投資策略，達成這些理財圭臬嗎？

理財其實並不難，本書就是要透過簡單的遊戲，介紹大家正確的理財概念與投資策略，讓你了解何謂 Financial planning as simple as child's play。

理想的財富管理是要能整合生活，工作與金錢。金錢本身並不重要，我們真正應該關心的是如何能在自由的金錢關係下追求人生目標。財務規劃的終極目標是要能好好享受人生，而非一昧追求財富，成為金錢的奴隸。

在金錢面前變得微小，其問題癥結不在資金不夠雄厚，而是在於有無自由的金錢關係。但這裡的金錢自由度並非是說要有很多錢才是財富自主，這畢竟也牽涉到個人的目標，以及對金錢的態度。

如何能有豁達自在的金錢關係？學會理財，透過理財來達成目標。要學會投資，要先認識自己，尤其是個人的風險偏好程度及消費習慣。再來就是尋求各種投資獲利的機會。投資之餘，千萬別忘了金錢的重要功能是在緊急情況下可以提供援助。面對突發需求時，手邊若沒有一些錢傍身，這將會是很麻煩的情況。所以請記得一定要留個底，不要把所有錢都花掉或投資虧光光。

1.1

風險偏好評估

　　如何做好財務規劃，首先要從外在的經濟環境談起；再來是分析個人的能力與態度，即現有財富大小，賺取收入的能力，對金錢的態度，與對風險的態度；其次則是慎選投資標的，確實執行已定的投資策略。景氣好時，把錢放在銀行定存裡，你會被別人笑說是笨蛋，總聽到有人這麼說：「你不理財，財不理你」。積極投資的結果，在金融風暴下竟變成「你去理財，財去咬你」。這下子反過頭來，存定存的人變成是傷勢較輕微，被眾人稱羨的一群幸運兒。

　　但銀行定存真的就是非積極理財嗎？

　　積極投資 ≠ 積極理財。

　　選擇什麼樣的資產配置要看個人目標、偏好及能力而定。不是把錢存定存的人就叫理財不積極，這是他們因個人目標、偏好及能力而做的投資組合選擇。

　　接下來回歸正題，我們正式進入本書的主題，在讓參與者玩各項遊戲之前，我總是會讓大家先填一份風險接受度調查的問卷（參見表5）。

　　在參與者陸續抵達現場時，即可以請他們開始填寫此問卷，活動一開始時也留五分鐘讓參與者完成此一問卷。必須跟參與者強調，不用思考太多，快速地填入自己的想法。想得愈多，修正，改答案，會變得不準。寫好後，把所選的答案的號次加起來，選（1）的為 1 分；選（5）的為 5 分，最後再加總填寫總分。

表 5: 投資風險接受度

1. **如果我的投資價值變動超過 20%，我會睡不著覺。**
　　（1）非常同意（2）同意（3）沒意見（4）不同意（5）非常不同意
2. **為了獲取更高的報酬，我願意接受較高的風險。**
　　（1）非常不同意（2）不同意（3）沒意見（4）同意（5）非常同意
3. **你平均多久調整一次投資組合？（指的是大方向的資產配置，非個股的選擇）**
　　（1）一有重大損失就調整（2）3 年（3）3 ～ 5 年（4）當有顯著獲利時（5）5 年以上
4. **為了追求長期報酬，我可以忍受短期的價值波動？**
　　（1）非常不同意（2）不同意（3）沒意見（4）同意（5）非常同意
5. **你對「風險」的接受程度有多高？**
　　（1）極低風險（2）低風險（3）中度風險（4）高風險（5）極高風險
6. **你對金融市場及投資實務的了解？**
　　（1）不清楚，也沒興趣
　　（2）不是很清楚
　　（3）初淺了解（我只知道投資要多角化降低風險）

（4）清楚（我知道不同市場，不同標的有不同的報酬與風險）

（5）很清楚（我知道所有的金融市場，也熟悉影響投資報酬與風險的因素。）

7. 投資最大的要求是保值且安全，這比獲利更重要。

（1）非常同意（2）同意（3）沒意見（4）不同意（5）非常不同意

8. 當完成一項投資決策後，你的感覺是：

（1）非常擔心（2）擔心（3）不放在心上（4）樂觀（5）非常樂觀

9. 長期來看，高風險會有高報酬。若請你執行一個 10 ～ 20 年期的投資，你會做何選擇？

（1）每 10 年會有一次負報酬，但每年報酬介於 2% ～ 11% 之間，平均年報酬是 4.1%。

（2）每 8 年會有一次負報酬，但每年報酬介在 5% ～ 14% 之間，平均年報酬是 4.7%。

（3）每 5 年會有一次負報酬，但每年報酬介於 7% ～ 17% 之間，平均年報酬是 5.0%。

（4）每 4 年會有一次負報酬，但每年報酬介於 9% ～ 20% 之間，平均年報酬是 5.5%。

（5）每 2 年會有一次負報酬，但每年報酬介於 11% ～ 23% 之間，平均年報酬是 5.9%。

請你將所勾選的分數加總在此：＿＿＿＿＿＿。

根據所得到的分數，其背後的意義如下表（表 6）所示。

表 6：風險接受度說明

分數	風險偏好描述
9 ～ 16	· 非常保守 · 偏好極低風險 · 只參加風險極低的投資方案，認定「保本」最重要。
17 ～ 23	· 相對保守 · 偏好低風險 · 想要保住已累積的財富
24 ～ 30	· 平衡型 · 願意承受平均風險 · 平衡式的投資
31 ～ 37	· 相對積極型 · 高風險愛好者 · 目標是在中長期累積足夠財富
38 ～ 45	· 非常積極型 · 屬於極高風險愛好者 · 不顧一切追求高報酬

製表人：作者

　　小學生及國中生的風險評估問卷可重新設計，以考試科目準備策略來判斷小朋友的風險規避程度（參見表 7）。

表 7：投資風險接受度（中小學生版）

（　）	在未來這一周你共有 **20** 個小時可以複習你所擅長的國文及不擅長的數學，你的目標是拿下第一名，卻也不能荒廢任何一門科目，避免造成分數大幅下降。 （1）集中火力在擅長的國文 （2）各花一半時間複習國文及數學 （3）集中時間在不擅長的數學
（　）	你過去分配 **30%** 時間唸國文、**70%** 時間念數學的策略顯然不奏效，名次還是往下掉了，這時你會： （1）馬上改變策略　（2）繼續原有策略
（　）	這次數學考試的題目較多且偏難，考試成績竟然還退步了。我應該多花一點時間在擅長的國文科目上。 （1）同意　（2）有點同意　（3）不同意
（　）	你的複習策略是：跟你還有一周、二周甚至三周才要段考： （1）絕對不會一直維持相同策略 （2）不一定會維持相同策略 （3）堅持同樣的策略
（　）	下列哪一個陳述比較接近你的想法： （1）多複習國文，把分數穩住 （2）多複習數學，看有無機會把成績提高
（　）	像拿下第一名這樣的目標，對你而言是： （1）重要，但並非關鍵問題　（2）很重要，一定要達成
（　）	若考試科目變多，你在複習不擅長的數學時，如何調配時間？ （1）一樣多　（2）減少一些　（3）減少很多
（　）	我喜歡花多一點時間複習擅長科目，不擅長且題目多又難的科目，我通常不花太多時間複習。 （1）非常同意　（2）同意　（3）不同意　（4）非常不同意

請你將所勾選的分數加總在此：＿＿＿＿＿。

　　填完問卷後，我會依序詢問參與者的分數區間，特別找出分數最低及分數最高的人。記得誰是分數最高的，以及誰是分數最低的。我此時要先強調，分數高低並無對錯，這純粹只是個人對風險的偏好程度。

　　接著跟參與者討論以下這些問題

　　‧是否認為每個人的風險偏好程度會改變？

　　‧影響個人的風險偏好程度的因素有那些？

　　‧問男生和女生，誰的風險規避程度比較大？一般女性的風險規避程度比較大。

　　‧問 20 ～ 30 歲男性與 40 ～ 50 歲男性，誰的風險規避程度比較大？40 ～ 50 歲男性的風險規避程度比較大，這是因為這群人多半有家庭的經濟壓力在。

　　‧那麼 40 ～ 50 歲的男性與 60 ～ 70 歲的男性相比呢？這通常也是40 ～ 50 歲的男性風險規避程度比較大，原因無非是因為 60 ～ 70 歲的男性比較沒有家累，而且多半已有一些儲蓄。

　　‧最後則是財富較多的人跟財富較少的人相比呢？一般是財富較少的人，風險規避程度比較大。

　　也就是說，每個人的風險偏好態度之所以不同，主要是受到每個人的性別、財富、職業及所處經濟環境的影響。即使是同一個人在面對不同決策時，其面對風險的態度往往也會有所差異，譬如說，運動與上班時的交通工具選擇，在不同時段下也可能有些許差異。而當面臨壓力，尤其是出現競爭或同儕刺激的情況下，人們比較容易忽視風險，這時理性的判斷、

克制就變得很重要了。

若將其放在股市投資的例子上來看，那就是大家會一味追高，原本認定某一檔個股屬於高風險的投資，自己早已決定不碰，但看到大家都在追高，所以也容易忽略個人風險偏好，跟著大舉買進……。

這是認識自己的第一步，了解自己對於風險的偏好或說是規避程度也行。一般銀行、保險公司的理財部門都會請投資者填寫類似問卷。這份問卷的分數高低並沒有好壞之分，只是用以觀察每個人看待風險的態度。通常人們會在情況不明時採取相對保守謹慎的作為，因此有人會認為非常保守的投資者是那一群不具備有財務知識的投資人。其實不然，擁有財務專業背景的投資人，也不一定就是愛好風險的投資人。風險態度除了受到知識影響以外，也與個人能力、財富、目標及偏好有關，因此，這個調查的分數高低沒有好壞之分，只是說明個人對風險偏好的態度如何與別人有差異而已。

也就是說，不能輕易斷言風險規避程度極高者就是非理性的人，或說極度愛好風險的投資人就是不理性的一群，風險規避程度只是說明他對風險的偏好，他是否理性，仍應看看他是否能依其偏好、目標和能力來決定投資標的，訂定投資組合。

澳大利亞在 2001 年實施《金融服務改革法案》（The Financial Service Reform Act），要求理財專員／財務顧問在幫客人進行投資規劃時，必須對客人的風險偏好進行評估，以針對客人的財務目標、經濟能力及需求來給予投資建議。由此可見，投資人的風險偏好程度會影響其投資標的選擇。

不是每個人都要選擇同一個投資組合，即使該組合是多數人的選擇，但若依個人偏好來判斷，該組合就未必是百分之百適合的。

　　風險指的是損失的可能，一種定義是說真正產生負的報酬；另一種定義是說，未達到原先期望的報酬。風險規避程度即在衡量投資人對損失的看法，一般人是風險規避者，即在沒有適當的補償下是不願承攤風險的。相對地，在承擔風險之後，也要求有適度的補償。風險規避者會同時考慮報酬及風險，要求高報酬及低風險。風險中立者對風險沒有看法，只在乎報酬的高低。而風險愛好者，也在乎風險及報酬，但卻願意在犧牲報酬下來承擔風險。

　　非常保守的投資人會將大部分資產放在安全性較高的投資標的上，他們對風險的重視程度遠高於對報酬的重視。他們會傾向把錢放在銀行，少碰股票，甚至避免參加賭博。也有人會說，非常保守的投資人在做投資決策時，經常會花過長時間去思考，而且常會有「購後失調」的現象，也就是常在事後才後悔。但我認為其實並不然，畢竟在做投資時，不論是哪種風險偏好的投資人，都會在考慮許久後才下決策。倒是酷愛風險的投資人，往往會在投資遭受損失時才懊悔，但說真話，這群人還真是沒有什麼好抱怨的。

　　相對保守的投資人，可能在累積一些投資經驗後，開始大膽做出更具風險性的投資，企圖多賺一點報酬。但他們不會拿老本來搏，只會拿出一部分資金或是閒錢來做風險性資產的投資，他們終歸知道要賺報酬，多少還是得冒一點風險才行。

　　平衡性投資者平時就會注意財經消息，足夠的投資經驗會告訴他們什麼是風險性資產，什麼是非風險性資產，他們為達一定的目標，會認真調配其投資組合來達成理想。相對積極型的投資者為了能在一定的時間內累積到一定的財富，他們知道必須冒一些風險，而豐富的經驗與知識也是因應他們做投資決策時所需。

　　非常積極型的投資人通常是一些追求在短時間內獲得高報酬的投資人，他們可能會傾盡所有資產來孤注一擲，企圖達成目標。但他們的決策也可能是在經過深思熟慮後才做成的，而非逞一時之快，只是一旦賠錢時，也不得埋怨他人。

　　（表 8）是我對一群 EMBA 學生測試後的結果。

　　若以性別來看，男性比女性愛好風險。

　　再細分後以年齡來看，尤其是針對男性，男生年輕時愛冒險；等到四十多歲時因為有家庭、小孩，責任較重，故而往往變得比較保守，不愛冒險；待等到五十多歲時，又因為財富累積變多，風險規避程度相對又開始變小。因此若以收入來看，收入愈高者，其風險愛好程度往往會隨之增加。而以學歷背景來看，學商的人與跟學工科的人，相較之下學工科者並不見得會比較愛好風險；而財務相關工作者要比非財務相關工作者來得愛好風險。

表 8: 風險接受度問卷結果分析

	變數	平均
性別	女性	27.24
	男性	31.57
年齡	31 ～ 40 歲	29.44
	40 ～ 50 歲	26.73
	50 歲以上	28
婚姻狀況	單身	27.67
	已婚	28.5
學歷背景	法	28
	商	28.09
	理	28
	工	30.33
月收入	50,000~100,000 元	27.89
	100,000~150,000 元	28.7
	150,000~200,000 元	28
	200,000 元以上	31
工作性質	財務相關	28.48
	非財務相關	26.25
總平均		28.32
樣本數		60（人）

製表人：作者

　　金融知識豐富者，知道商品的特性，會比不知道商品特性的人更敢投入風險性資產的投資，但這並不表示懂財務的人一定是風險規避程度較小的一群。有時因為了解產品的風險，認為補償不夠或所提供的報酬不夠大，

他們往往更懂得拒絕投資風險性高的產品，例如連動債。

對 EMBA 學生測試多次後，我發現到一個有趣的現象。分數特別高的總是一些年輕女性。而這些女性年紀輕輕地就進入 EMBA 班就讀，表示其工作職位應該相當高。而這麼年輕就能有好成就，代表平時一定就是非常努力的一群，生性肯定非常積極，所以也比較會愛好冒險。

另外，有人衡量投資者的過度自信如何影響其投資行為，衡量過度自信的方法也可透過問卷來處理。Pikulinaa et al.（2017）曾有一篇文章在衡量投資者的過度自信 [1]。他們採用的方法是讓參與者填寫金融基本知識測驗 [2]，每題有兩個選項。參與者選擇答案並註明信心程度（例如 50% ～ 100%）所答答案是正確的。然後計算參與者的過度自信指標，再據以測試這過度自信指標是否影響其投資行為，是否會有過度投資的行為。例如：答對為 1，答錯為 –1，各信心分數如下（參見表 9）。

過度自信指標的計算方式是，所有題目的平均答對信心減去答對題數的比率。上例是：

71.67–（12 / 20）×100=11.67

臺大財金系陳業寧教授建議可採用另一個計算方式是：

（8 / 20）×（77.5–0）–（12 / 20）×（100–71.67）= 31.1

其中錯誤的題的部分 77.5–0 是過度自信的程度，答對題部分，100 –71.67 則是信心不足的程度。也就是說，過度自信與信心不足在意義上方向相反，所以分別加權後相減。

表 9：過度自信評量表

題次	答對或答錯	信心分數
1	−1	50
2	1	100
3	−1	100
4	1	60
5	−1	90
6	1	80
7	−1	60
8	1	50
9	1	90
10	1	50
11	1	60
12	1	60
13	1	70
14	−1	80
15	−1	100
16	1	100
17	−1	60
18	1	50
19	−1	80

製表人：作者

1. Pikulina, Elena, Luc Renneboog, Philippe N. Tobler, 2017, Overconfidence and investment: An experimental approach, Journal of Corporate Finance, Volume 43,P.175-192.

2. 可以參考證券暨期貨市場發展基金會的〈金融市場常識〉題庫。

1.2

消費習慣調查

除了風險偏好調查，我也會請遊戲參與者進行下面這一份金錢花費習慣調查，讓參與者了解自己的花錢習慣。

可請參與者在遊戲開始前，或是開始測試後的五分鐘內與前述風險偏好調查一起完成。待填完問卷後，請參與者將所填選之號次加總起來，即為此份問卷的分數。（參見表 10、表 11）

透過這份問卷，我想表達的是「記帳」的重要性。許多理財顧問都會建議客戶要做家庭收入與支出表，當你記下日常生活的各項花費，你才會驚覺自己怎會花這麼多錢在飲食上，或是怎會花這麼多錢在採買衣服上。

「記帳」是分析消費習慣最重要的一件事，好處多多，例如：

1. 追蹤自己如何用錢
2. 規劃及預算
3. 避稅、節稅
4. 評估經營績效
5. 供做決策時的依據
6. 管理及規劃現金流量

7. 管理日常營運資金

8. 規劃長期投資

記下每筆收入與支出，可以了解錢從哪裡來？花到哪裡去？有那些錢是可以省下的？有那些錢是一定要花的？是否有足夠的錢存下來，以便用在將來的購屋、買車、子女教育、旅遊等用途上。

想投資就一定要有資金，資金可以是透過省吃儉用存下來的，也可以是借來的。要想存錢做投資，便要先規劃資金需求，盤算能省下多少錢？亦即了解自己有多少實力可以投資。許多有錢人都很「吝嗇」，其實他們不是吝嗇，他們之所以富有就是因為懂得善用每一分錢，知道每一塊錢用到哪裡去了？

許多人在接受這項測驗後都認為，這一份「算命」好準。其實這不是在算命，也不是在預測未來，這份問卷只是在呈現個人或家庭目前的金錢使用狀況，協助發掘、分析問題，並且提供解決方案。

而說到測試結果，很少有人可以達到 93 分以上的，但弔詭的是通常多數人會落在 45～61 分的區間內，這個結果顯示出大家沒有規劃支出的習慣。一個在國外靠獎學金念書、過活的留學生較會詳列支出、嚴格控制預算，反觀有雙親資助者往往較少做規劃。即使是有父母支應經濟的學生，當被問到父母是每學期給一筆錢還是逐月給零用金，我發現通常也是一學期拿一次錢的學生比較會做好金錢規劃。

表 10：消費習慣問卷

下列有 20 個問題，每個問題有 5 個選項，請就此 5 個選項，勾選一個你認為

題號	題目
1	每當我收到一筆錢，我都會先盤算是要存起來，或決定應該怎麼用。
2	每當我收到一筆錢，我都會先將它存進銀行（郵局）帳戶裡。
3	我會清楚記載每一筆錢的來源。
4	我會預先備妥這週（月）需要使用的錢。
5	收到的每筆錢，我都會預留 10% 並存進銀行。
6	我都是按照計畫在花錢。
7	我會預先列好並備妥每個月的餐飲及家用花費。
8	每周少於兩次上市場（超市）買東西。
9	充分使用各項折價券。
10	不論金額大小，購物時一定講究品質、價格、數量等因素。
11	我沒有信用卡卡債。
12	我名下沒有任何貸款。
13	我會比較去年與今年在衣服及食物上的花費差異。
14	每週外食（包括早、中、晚餐）次數不超過兩次。
15	保留例如電話費、信用卡帳單等。
16	收集發票、收據來紀錄我的花費。
17	我每月的收支都能平衡，沒有赤字。
18	我會使用聯名卡來享受打折優惠。
19	父母親有存錢供我（或小孩）念大學。
20	我在過去一年曾經捐款。
	題數加總
	分數小記
	總分

製表人：作者

最能描述自身行為的一項。

	完全不像我	不太像我	不確定	有點像我	完全像我
	1	2	3	4	5

分數說明

93 以上：令人欽佩，你可以教教別人如何做到的。

78 ～ 92：相當厲害，針對未能達到盡善盡美的部分再做努力即可。

62 ～ 77：水準中上，記得少花一點就是多儲蓄一點了。

45 ～ 61：請務必小心，若再不改進，就會面臨財務危機。

45 以下：你恐怕需要找專人來協助了……。

表 11：消費習慣問卷（中、小學生版）

題號	題目
	分數
1	每當我收到一筆錢，我都會先盤算是要存起來，或決定應該怎麼用。
2	每當我收到一筆錢，我都會先將它存進銀行（郵局）帳戶裡。
3	我會清楚記載每一筆錢的來源。
4	我會預先跟家人索取當（月）需要使用的錢。
5	收到的每筆錢，我都會預留 10% 並存進銀行。
6	我都是按照計畫在花錢。
7	我會預先列好並備妥每個月的餐飲及家用花費。
8	每周少於兩次上超商（超市）買東西。
9	我會充分利用各種折價券。
10	不論金額大小，購物時一定講究品質、價格、數量等因素。
11	我從未跟同學借錢。
12	我沒有信用卡或附卡。
13	我有比較在衣服及文具用品上的花費差異。
14	每週外食（包括早、中、晚餐）次數不超過兩次。
15	我會保留各種帳單。
16	收集發票及收據來紀錄我的花費。
17	每月收支都能平衡，沒有赤字。
18	使用網購來享受打折優惠。
19	父母親有存錢來供我念大學。
20	我會記錄每年妮收到多少壓歲錢。
	勾選的題數加總
	乘以分數後小記
	總分

製表人：作者

備註：該份問卷可針對中、小學生做適度調整。

	完全不像我	不太像我	不確定	有點像我	完全像我
	1	2	3	4	5

習慣記帳是否跟收入高低有關，較有錢時就較不在乎如何花錢？

其實不然，有錢人也應做好金錢規劃，雖然看起來已是有錢人卻還斤斤計較，似乎略顯吝嗇，但記帳與做好金錢規劃是每個人都該做的，更是投資前重要的準備功課。

不是花錢要省，而是要做好規劃，尤其是在小孩教育上的花費規劃更是要積極謹慎，要存教育基金供小孩念書甚至出國留學。近年來，台灣學生大多選擇留在國內深造，因為國內研究所變多，而想要出國念書，面臨來自全世界優秀學生的競爭更是激烈。不過，出國念書能增廣見聞，也能增加自己及國家未來的競爭力，故而父母親省錢供孩子出國念書絕對是值得的。

1.3

風險偏好 VS. 行為的一致性
發糖果

準備好骰子、彈珠台及數量為參加人數 ×3 的糖果，準備發糖果了。做完問卷後，要來發糖果給小朋友。而這個遊戲有 3 種方式可以領到糖果：

（1）直接領 3 顆糖果。

（2）擲骰子，擲出 1 點是 1 顆，3 點是 3 顆，6 點是 6 顆。

（3）打彈珠台。彈珠台上有 11 格，其中 5 格顯示 6 顆，另外 5 格顯示 0 顆。還有 1 格顯示再打一次。

參與者要想好以哪一種方式來領到糖果，我還要提醒小朋友，若選擇彈珠台賭運氣，但卻打到 0 顆時，不可以因為沒有領到糖果而哭。

記得有一次去幼兒園發糖果，小朋友選擇後便各自到不同選項負責的老師面前去玩。有 4 人選第一種方案，有 12 人選第二種方案，有 6 人選第三種方案。我本就預期選擇第三種的小朋友不會是最少的，主因是，這是一個零成本的遊戲，且彈珠台畢竟有趣多了，有些小朋友也認為自己得到 6 顆糖果的機會頗高。欣慰的是，命中 0 顆糖果的小朋友都沒有哭泣耍賴皮。

表 12：「發糖果」學習單

班級：＿＿＿＿＿＿　座號：＿＿＿＿＿＿　姓名：＿＿＿＿＿＿

送糖果。拿糖果的方式有 3 種：

我選擇	編號	拿糖果方式										
☐	1	直接拿 3 顆糖果。										
☐	2	擲骰子。看擲得幾點，就有幾顆糖果。我得到了　顆糖果。										
☐	3	打彈珠台。有 11 格。										
		0	6	0	6	0	再打一次	6	0	6	0	6
		結果，我得到了＿＿＿＿ 顆糖果。										

製表人：作者

　　選第二種的人最多，這也是事先可預期得到的，畢竟大部分小朋友還是想一邊玩，一邊得到糖果，而非直接領 3 顆糖果。

　　我在事後與老師討論，發現選擇第一種的多半是平時比較文靜、內向的小朋友。而選擇第三種的則多屬較外向好動的一群。我事後問小朋友，如果必須拿出 10 元才能參加遊戲，並要他們重新選擇……，結果，選第三種的人竟然就變少了，反而是改選第二種的人變多。由此可見，雖然年紀小，但小朋友們心中也有風險的觀念，或說是輸贏的想法。

　　你也許覺得，他們這麼小，做這種遊戲沒有效果。但透過上述結果告

訴我們，小朋友確實也有投資及風險的概念。及早給予正確的財務概念，可讓他們減少錯誤。許多小孩不知道錢的價值及功能。當父母開始給零用錢時，他們不知如何善用這筆錢，總是胡亂花掉，像是買零食、玩具或文具等，所以我建議小朋友也應及早學會理財，學會編製預算，有計畫地儲蓄及運用金錢。

前述的風險偏好問卷，是參與者心中對於風險的想法，而這個發糖果的遊戲，即是在驗證他們的行為是否與心中的想法一致。我們預期根據風險偏好問卷結果，風險規避程度高的人會傾向選擇直接拿 3 顆糖果，而風險規避程度低的人會多選擇打彈珠台。

到某國小進行此一遊戲時，發現有一些小朋友遲遲不能決定要用哪一種方式來取得糖果。我從中便發現有一個分數極低，即風險規避程度極高的一位小朋友，並未直接選則拿 3 顆糖果這個項目。就在他猶豫不決時，另一位小朋友遊說他一起去打彈珠台。這一位風險規避極高的小朋友跟著去打彈珠台，結果取得了 6 顆糖果。反觀若是打到 0 顆，他又會是何種反應？

事後，我問這位小朋友為何選擇打彈珠台？他表示自己是跟著另一位小朋友去的。很明顯的是，「同儕效果」（Peer Effect）在此發揮作用，或是說「從眾效果」（Herding Effect）的確存在。這一個簡單的遊戲裡，可讓自己了解風險偏好的想法及行為。

有幾次事後調查，發現拿到超過 3 顆糖果的人數超過參與者的一半。也就是說適度參與投資的人，其期望報酬是大於直接拿三個糖果的。

到幼兒園去玩這個遊戲，有時老師不給小朋友糖果，改用貼紙代替。而如何送出糖果，我也有想到其他遊戲。其中一個就是「貪吃蛇」的遊戲。

1. 兩兩猜拳，輸的跟在後面。

2. 排頭代表，再跟別組猜拳。輸的跟在後面。

3. 看最後誰最贏。

也可以兩兩比劃背單字，先猜拳，贏的人先抽題目卡，對方答題，答對得 1 分，答錯，對方得 1 分。再換對方抽題，另一方答題。

1. 三戰兩勝。輸得跟在贏的後方。

2. 再找另一組比賽。

3. 看誰最後贏。

最後所有人會排成一排，按次序 6、5、4、3、2、1；6、5、4、3、2、1 的次序給 6 顆、5 顆、4 顆、3 顆、2 顆及 1 顆糖果。

如果跟小朋友說要再玩一次同樣的遊戲，同樣的規則來拿到糖果。這時，第一次拿到 1 顆糖果的小朋友會認真思考玩第二次時，自己要在哪個時間點故意輸掉，藉此拿到更多糖果。只是這實在是很難計算出來的，此外還有其他這麼多小朋友，他們又是怎麼想的？結果是怎麼贏的？又是如何輸掉的？這都是很難估計的結果，實在很難掌握的。

就如同在股票市場上投資，很難知道所有投資人的想法。

1.4

消費的藝術
福利社

到中、小學去做理財教育時，我們會開設福利社，販賣一些文具用品。而這些文具用品是要使用我們發放的「財金教育券」來購買（參見圖 1）。

在活動開始前，我們會連同活動講義一起發送 40 張的財金教育券給小朋友們。這些財金教育券可用來購買文具，也可用來參與遊戲做投資。

福利社開放時間是課程中間的休息時間、午休時間及課程結束時。我們會限制小朋友們在午休時間前只能花一半，也就是 20 張財金教育券來購買文具。要不然他們一下子把財金教育券用完，就沒有資本參加投資遊戲了。

至於高中以上學生則不發財金教育券，也沒有開設福利社。他們必須實際拿出 1 元硬幣來參與投資遊戲。會後結餘，將所收到的 1 元銅板回饋給學校當教育基金。

文具部分我們會先準備，都是一些實用的物品，也盡量講究美觀亮麗。會事先以財金教育券做為單位來標價。待課程結束，也可讓學生以手上剩餘的財金教育券來購買文具，賣完為止。如所剩文具不足，也可以加入所剩的糖果、巧克力及泡麵來替換，也可以用拍賣的方式，讓學生出價競標。

圖1：財金教育券

　　既發給財金教育券，即表示小朋友有收入，舉凡購買文具或參加投資都有一些支出，而投資獲利會有新的收入。因此必須要求小朋友記帳，詳細記錄每一筆收入及支出。待事後再來檢視自己的用錢狀況（參見表13）。

表 13：記帳表

項次	借方（+）	金額	貸方（～）	金額
1				
2				
3				
4				
5				
6				
7				
8				
9				
10				
11				
12				
13				
14				
15				
16				
17				
18				
19				
20				
21				
22				
23				
24				
總計				

製表人：作者

　　有些小朋友一開始就想把所有財金教育券拿來買文具。

　　可以了解一下是他很缺文具，還是很喜歡這些文具？還是並不想參與

接下來的這些投資遊戲？根據我的觀察，大部分的小朋友是怕喜歡的文具會被買光，所以想用目前擁有的財金教育券先把喜歡的文具買到手，有鑑於此，我們才會設計在某個時間前只能用一半的財金教育券購買文具的限制。小朋友對文具種類的偏好並不明顯，一些精美的文具，像是筆、筆記本、書籤等會較搶手。EMBA 劉珈君學姊也會募集一些最新流行的卡通人物相關的物品來當獎品，也相當受到小朋友們的喜愛。

另外，為了鼓勵小朋友背單字，我們也會設計背英文單字的遊戲，並以福利社的文具當獎品。

1.5

不懂的遊戲不要玩
猜數字

正所謂「不懂的遊戲不要玩，不懂的投資不要做」，要玩一個遊戲，必須先瞭解遊戲規則；同理可證，要做一項投資，也應知道其投資規則。

這個遊戲是猜一個 0 ～ 100 之間的整數，每個人可以從 0 ～ 100 的數字中寫下一個整數。數字最接近所有人平均數的 2 ／ 3 的人獲勝，還可以獲得一條巧克力做為獎勵（參見表 14）。

表 14：「猜數字」遊戲

回數	我猜	平均數的 2 ／ 3	贏的數字
第一回			
第二回			

製表人：作者

可以玩兩回，看看為什麼第二回所猜的數字變得比較大，還是比較小？這是一個經典的數學遊戲。要是大家都是理性投資人，則答案應該是 0。當大家想說 0 ～ 100 的平均數是 50，其 2 ／ 3 的值是 33.33 時，都應該寫 33.33。但當大家都寫 33.33 時，其平均數的 2 ／ 3 是 22.22。又當大

家都猜是 22.22 是，其平均數的 2 ／ 3 是 14.81，結果就會這樣地一直收斂到 0。

那麼，最理性的數字既然是 0 ？大家為何不猜這個數字呢？

實際操作的結果：第一次所有人的平均數的 2 ／ 3 是 20.1。第二次時則較低是 12，那是因為大家知道交易機制、規則，那又為何不猜 0 呢？因為大家知道會有一些人猜其他的數字，甚至是頗大的數字，所以猜 0 是不會贏的。

這個遊戲的答案絕對不會是大於 66.67。因為如果大家都選 100，平均數是 100，他的 2 ／ 3 是 66.67。要是有人喊 66.67 以上是絕對不會贏的。會喊超過 66.67 是因為他不懂得這個遊戲規則。所以這個遊戲給我們的第一個啟示是，不懂的遊戲不要玩。延伸的意思就是，不懂的投資不要做。

每當進行這個遊戲時，我會請工作人員及學校老師一起參與猜數字，但我會請他們喊 100。當學生聽到有人喊 100 時都會很納悶。有人喊100，要嘛是不理性的投資人，要不就是故意來哄抬數字的。股票市場上常聽到有人哄抬股價，

而這些喊 100 的，就好比是股市裡炒作哄抬股價的行為。即使是玩第二次時，我也會請人喊 100。事實上，也常常有學生會故意喊 100。也就是說，學生預期第二次大家的數字會趨近於 0，但他不敢喊 0，因為他知道還是有人會亂喊。

面對存在於市場上的非理性投資人，某位理性的投資人會適度利用非理性投資人的非理性行為，來獲取更高的報酬。當一位理性投資人能估計

有多少位非理性投資人會出高價，因而也抬高自己的出價而獲勝。有些莊家或是具資訊的投資人，也會故意找人出高價，拉抬最終價格來獲利。現實生活中，在股票市場即有人會放假消息，或是操作拉抬股價來坑殺散戶，大家千萬要小心。

有一個理論叫「大傻瓜理論」，在這個遊戲中可以驗證，明知應該猜低一點的數字卻仍猜 20，這是因為你設想或許會有人猜 100，應用在財務上就是要判斷非理性投資人的投資方向，大家都知道股價很高卻還是要買進，這就是因為你深信還會有人出更高價……。

要對交易機制有所認識。市場結構會影響到投資者交易行為、以及資訊導入價格的流程與效率，因此要參與一項投資之前，一定要了解市場是怎麼運作的。

1.6

分辨「需要」與「想要」

對許多人來說，「想要的很多，需要的並不多」。學習如何分辨需要與想要，建議可做一個「需要與想要」的卡片遊戲（參見圖 2）。

圖 2：「想要 VS. 需要」圖卡

　　講解「需要與想要」的簡單遊戲是，準備一些卡片並在上面標示一些物品，徵詢參與者哪些是需要的用品？哪些是想要的用品？然而這樣的方式並不適當，因為所需物品通常在不同的場合、時機下，會在想要與需要之間做轉換。因此，必須有一個情境設定，讓參與者在這個既定的情境下做選擇及判斷。

　　我設計了一個因為疫情要被隔離 7 天的遊戲。

　　這是一個小組遊戲，組內成員必須花時間討論並做決策。假設現在因疫情要被隔離 7 天，必須準備一些物品，小組要討論要買哪些物品。

　　可以先不宣布預算金額，待各組成員採買後的金額加總出來，再宣佈預算金額。讓各組都有機會去重新審視購買物品，思考需要與想要之間的差別（參見表 15）。

　　另外一種方式是先宣布預算，例如 2000 元，但物品售價可以先蓋起來，讓參與者先挑選他們要買的物品，之後再撕開價格標籤，加總所要採買的商品總價，看看是否超出預算？要是超出預算，組員必須決定哪一些物品是要被放棄的？藉以達到不超出預算的目標。請學生將要放棄的物品依序排好，逐一說明這些物品被放棄的理由。哪些是需要的？哪些是想要的？

表 15：隔離要用的物品

物品名	初選	價格	篩選後
口罩一盒（50片）		300／盒（50片）	
酒精		100	
漂白水		60	
體溫計		350	
快篩試劑		180	
血氧機		4,000	
感冒藥		270	
止痛藥		100	
退燒藥		300	
腸胃藥		790	
止癢藥		130	
咳嗽藥水		300	
米		189	
麵		120	
泡麵		90	
麵粉		85	
麥片		80	
奶粉		820	
冷凍食品		65	
巧克力		30	
乾糧		15	
沖泡飲品湯品		450	
調理包		45	
礦泉水 x20		20x20=400	
衛生紙		40	
肥皂		12	

物品名	初選	價格	篩選後
沐浴乳		130	
洗髮精		115	
洗面乳		240	
洗衣精		118	
衛生棉		78	
尿布		1,240	
書		200	
保養品		2,000	
糖果		30	
汽水		49	
爆米花		50	
玩具熊		350	
高粱酒		440	
海尼根啤酒		739	
吉他		9,400	
腳踏車		7,500	
牛排		490	
經典喬丹五代籃球鞋		3,780	
訂閱 Netflix		270	
象棋		250	
撲克牌		55	
泳衣		990	
哈根達斯冰淇淋		299	
護目鏡		59	
維他命 C		190	

製表人：作者

因為疫情要被隔離 7 天，只有 2,000 元買東西，很多人會直覺想要準備口罩、酒精及退燒藥等。但有很多小朋友是選擇訂閱 Netflix，因為被隔離期間會很無聊，他們可以看電影來打發時間。要是平時訂閱 Netflix 可能會被歸為不需要的商品，而在被隔離的情況下，它就變成一個需要的物品。小朋友也說，不用再買口罩、酒精及退燒藥，因為本來就都有準備。

需要與想要會在不同的情境下有所轉換，必須考慮當下情形後去做適度調整，做合理的消費。像是運動飲料平時不需要，但在運動過後因為身體大量流汗，需要補充能量及電解質，這時就很需要。

另外一些簡單的情境題，也可以讓參與者思考什麼是需要的？什麼是想要的？另外我想問問小朋友，假設忘記帶水壺到學校，你在口渴時要到福利社買水喝，你會選擇便宜的礦泉水或是較貴的汽水？

又或者，是否一定要買飲料？

是否可以利用學校的飲水機？

建議大家不妨可請小朋友規劃一個天期較長的「窮遊玩法」來環遊世界，問他們什麼是你「需要」帶的？什麼又是你「想要」帶的？

1.7

預算的重要性
來去高雄 5 日遊

　　話說你有 1 萬元預算，打算到高雄去玩耍。目標是能在有限預算下，至少玩樂五天。接下來請記得選好各項活動後並且記帳，在記帳表格中填入所選之活動、費用及結餘款。

　　★出發前。首先要決定搭什麼交通工具。從交通工具卡片上：高鐵、台鐵、飛機、公車、計程車等選項中選出一項。

　　★接著開始第一天的活動：

　　(1) 從活動卡中抽出其中一張。每張活動卡中會顯示有兩個活動，小組必須討論選擇什麼活動。通常會選較便宜的活動，但選較便宜的活動，不見得好玩。而第一天活動可以抽 3 個活動。

　　（2）接著抽意外卡，看今天旅遊途中出了什麼小插曲。抽一張意外卡，意外卡中有好事，也有壞事，好事會賺錢，壞事會賠錢。

　　（3）結束一天的活動，接下來要抽飯店，用抽的，而非用決定的。回飯店睡覺，可以請小朋友假裝趴在桌上睡覺，模擬在飯店過夜，然後起床，進行下一天活動。

　　★第二天繼續抽三個活動，然後意外卡，然後飯店。記得每一個活動

都要記錄費用及結餘款，沒錢了，旅程就要提前結束。

　　★如果手邊還有錢，可以一直進行到第五天結束，看還剩多少錢，再決定搭什麼交通工具回去。

　　★如果覺得五天時間太長，覺得玩這個遊戲的過程太冗長，可以出一個情境題。譬如在第三天時，突然有颱風警報，必須立即撤離回家。趕快選一個交通工具回家，或是可以留在高雄兩天，選一個飯店，只能在飯店裡待兩天，什麼也不能做更不能出去玩，最後只能選一種交通工具返家。

　　這些都可以經小組討論決定（參見表 16）。

表 16：來去高雄 5 日遊

交通	飛機	3,752 元	
	船舶	980 元	
	高鐵	395 元	
	臺鐵	235 元	
住宿	義大皇家酒店	3,040 元	
	捷絲旅	2,100 元	
	85 天空旅宿	690 元	
	貝殼窩港都青年旅舍	457 元	
	旅悅國際青年旅館	331 元	
活動／飲食	衛武營觀看雲門舞集現場表演	900 元	
	義大世界	580 元	
	看漫威電影 IMAX	270 元	
	駁二藝術特區	150 元	
	愛河搭船	75 元	

活動／飲食	西子灣海水浴場	70 元	
	打狗領事館參觀	49 元	
	壽山動物園	40 元	
	忠烈祠看夜景	免費	
	月世界	免費	
	岡山羊肉爐	350 元	
	聽見花開素食餐廳	220 元	
	日式燒肉咖哩	220 元	
	貓咪主題餐廳	200 元	
	瑞豐夜市	185 元	
	六扇門小火鍋	160 元	
	韓式食堂	150 元	
	臺式擔擔麵	130 元	
	軒味屋彩色粄條	130 元	
	北平楊寶寶蒸餃	80 元	
事件	扶老奶奶過馬路，老奶奶打賞。	1,000 元	
	找到失蹤的貓貓，飼主獎勵。	1,000 元	
	偶遇王建民，合照轉手獲利。	500 元	
	加入路跑，結束後獲得紀念襯衫和獎金。	500 元	
	在路上看到高雄宣傳影片拍攝，臨時加入群演並獲得市長簽名和報酬。	100 元	
	弄丟錢包損失	1,000 元	
	遇到小偷	1,000 元	
	被住宅區樓上的住戶澆花的水潑到，所以買了一套新衣服。	700 元	
	被左轉的機車擦撞，必須去看醫生。	500 元	
	被突然竄出的美猴王嚇到，被迫去收驚。	500 元	

製表人：作者

表 17：高雄旅遊花費表

活動	花費金額	剩餘金額
開始		10,000

製表人：作者

設計這個遊戲有兩大目的：一是學會小組討論、做抉擇，二是明白預算的概念。這個遊戲以小組方式進行，每抽出一張卡片，小組成員要討論是要選哪一個活動？執行這個活動很多次了，我也從中發現幾個現象：有某些小組多半是某位同學在做決斷，大家都聽他的指示。也有的小組中並無明顯的領導者，大家只要出現意見分歧的情況，當下便無法做決斷。更有些小組則是有明確的領導者在帶領大家做討論，任務推展順利。此外甚至有些小朋友根本就不參與討論，只顧著在一旁做自己的事。因此我建議玩這個遊戲前務必要先分工。一位組長，帶領討論；一位負責拿卡片；一位負責抽卡片；一位負責記帳。

至於要出去玩，因為有預算上的限制，無法玩所有的活動，無法吃所有想吃的食物，必須在預算內有所取捨。因此有些組員在選擇時總是挑選價格較低的活動。畢竟這是一個選擇，玩遊戲時比較不會覺得失望。但試想若發生在真實情況裡，大家或許還是會選擇自己想要的活動或餐飲來消費。

這是一個情境活動。透過這個情境活動，參與者可以了解需要與想要的定義，甚至是預算的概念。網路上有一個財金教育的網站曾推出一個Spent game[1]，遊戲中會一直向參與者發問，要他們做選擇，每做出一個選擇後，會讓參與者知道自己手邊還剩多少錢？而若不玩這樣的線上遊戲，也可以準備很多實體的卡片，每張卡片上有兩個活動選項，可先請參與者選擇並記錄他的選擇，以及選後還剩多少錢？

而既然是情境題，這個活動也能設計成如下的故事：城市老鼠與鄉下

老鼠。住在城市的老鼠阿傑，寫信邀請住在鄉下的表弟阿文來城裡玩。鄉下老鼠阿文平時住在田裡，每天有吃不完的食物，吃飽後還可以去森林裡玩耍……。

阿文很想去城裡逛逛，看看高樓大廈，嚐嚐山珍海味。但牠不好意思讓表哥阿傑破費，所以自己準備了 1 萬塊錢當旅費要到城裡玩五天。阿傑很熱心，希望阿文能吃住好，所以帶阿文到處逛、到處吃。而阿傑也很疼愛並尊重阿文這個表弟，所以總讓阿文選擇自己想做的活動及食物。但阿文必須控制預算，希望能順利遊玩五天，然後回家。

請阿傑抽遊戲卡，卡片上會有二選一的選擇或是一個事件，而事件可能是好事也可能是壞事。請阿文二選一，決定要做什活動？每張卡片的結果都會影響阿文接下來會剩下多少錢？阿文必須預留足夠的旅費來完成五天的行程。每抽完 3 張就等於是過了 1 天，然後要抽一張房卡來決定今晚住哪裡？

接著再進行隔天的旅程（陸續抽完 3 張遊戲卡）。

---

1. 請參見 https://playspent.org/

投資策略：
尋找獲利機會……

理財規劃是一輩子的事，及早教導孩子理財概念，讓他們及早學會儲蓄，正確使用金錢，會對其人生有重大的影響。要直接灌輸小孩子理財概念，有時對他們來講是太難了，如果能應用簡單的遊戲來教導小朋友，從小學理財，長大沒煩惱。

2.1

分散「風險」，確保長治久安
抽泡麵

　　我先準備好一張 100 抽（當）的抽當紙[1]，還有準備好數量爲參與人數除以 4 的泡麵。

　　這是小組遊戲，基本上在所有小組遊戲裡，我們都是以 4 個人組成一隊。每個組員要嘛準備 1 元銅板，或是拿出手上的一張財金教育券當做 1 元的籌碼使用。假如有機會，我會請參與者事先多準備一些 1 塊錢銅板來參與遊戲，對國中小學生則是準備財金教育券給參與者使用。

　　4 個人一組，每個人準備 1 元，總共就有 4 元。抽一次 1 元，抽中 1～25 號者可得價值 4 元的泡麵一包[2]，其他號碼沒有獎。中獎機率 25%。本遊戲禁止賣空，也就是禁止售回已抽得的泡麵，或是轉售。

　　當我說明完遊戲規則後，會要求組員討論如何來抽。由於擔心參與者不了解遊戲規則，因此我會提供下列選項讓各組成員自行選擇（參見表17）。

　　我通常習慣預留第五個方案，希望參與者能討論出其他的交易策略，經玩過多次後，參與者多半會想出更多的交易策略，包括：

　　1. 只抽 2 元，保留 2 元。

2. 至多抽（輸）2 元，停損。

3. 抽中一包（或兩包）即停，停利。

4. 動能交易策略（momentum trading）：抽到後，再抽。

5. 跟別組借錢來抽，規則訂為借 2 元還一包泡麵。

表 17：抽泡麵的投資策略方案

我們選擇	編號	方案
☐	1	各自保留 1 元，不抽。
☐	2	各抽各的；抽中得一包泡麵，獨享；沒抽中，什麼都沒有。
☐	3	合資買一包泡麵分享，共同分享。
☐	4	合資一起去抽，不論抽到幾包，都一同分享。
☐	5	其他方案：請寫出。

製表人：作者

給予時間讓各小組討論他們的抽泡麵策略，然後逐一詢問各組的策略是什麼？ 我雖然期待參與者能提出新的想法，但大多數成員都是選擇合資來抽泡麵的較多。有時也會有整組通通決議不參與抽籤……，我當下會問為什麼？看看能否鼓勵他們改變想法，但依舊會尊重各組的選擇。

接下來讓參與者帶著錢來抽，可以分散幾張抽當紙在不同角落，大家排隊抽。找一位工作人員統一收取抽到的當紙並發給對方一包泡麵。此時現場氣氛會非常熱絡，有人高呼中獎，有人哀怨槓龜。

抽完後，很多人會因為不甘心沒中獎，所以一心想要拿更多的錢來抽。接下來，我會允許大家只能拿 1 元銅板來抽，既不找零也不包牌。參

與者會很熱絡地拿出身上的 1 元銅板來抽泡麵。很多人抽到後便立即打開吃了起來。而這時還是有人因為沒抽到泡麵而心有不甘，想著笑輸博大想要翻盤就得賭大一點。所以乾脆拿出 100 元想要包牌。我這時也會大開方便之門，允許對方拿出 10 元或 5 元銅板來參與抽獎。遊戲在泡麵抽完後宣告結束，但這時有人因為手上的當紙還沒開，後續也有可能中獎，所以最好留幾包備用，或是改以巧克力抵用。

很多人小時候都有抽泡麵、抽糖果的經驗。這個令人懷念的兒時美好回憶，事實上也蘊含著豐富的財務意義。這個遊戲牽涉到機率問題，也牽涉到投資策略。

抽泡麵遊戲是我設計的許多遊戲中，截至目前最受歡迎的一個。

保留 1 元不抽的人可能是不清楚遊戲規則或根本沒興趣，我會鼓勵這種人參加這樣的投資，以投入少許資金進行投資，即使蒙受損失也不致過大，甚至反而有可能獲利，換言之，這種投資是可以進行的。各抽各的，各享各的，這是散戶的行為，並未聯合每個人的資訊與想法，獨來獨往，輸贏自負。運氣好，有獎品，運氣差就什麼都沒有。合資去買包泡麵分食，這是有飯大家吃，沒有動機去追求更多的利益。合資去抽是共同基金的寫照，大家同心協力，共同承擔風險、分享利潤。順帶一提，很多組會派今天感覺運氣特別旺的人代表小組去抽。

只抽 2 元，保留 2 元，這是分散風險的概念，一方面保留實力，另一方面冒點風險追求高報酬。嚴格來說，至多輸 2 元就是「停損」的概念，畢竟已輸了 2 塊錢，就別再抽了。而抽中一包或兩包即停止，這就是「停

利」的概念，有賺就好，見好即收。「動能交易策略」是我的碩士班學生想出來的，他們提出學理上的交易策略來應用在「抽泡麵」的遊戲中。動能策略是指，選擇過去一段時間表現突出的股票繼續投資，表現欠佳者就順勢出脫。若將其應用在「抽泡麵」遊戲上即是說，當第一回抽到第一包時就再抽，當你若又抽到的話，便再繼續抽，直到沒抽到為止……。

　　另一個有趣的策略是借錢來抽，遊戲中我允許一組可以向另外一組借2元，後來要還一包泡麵。而且我要強調是還一包泡麵，而非與那包泡麵等值的4塊錢。有許多回，有組別會向別組借錢，貸放出錢的組會想說，借錢給別人，他們會有6元的機會去抽6次，抽到一包的機會很高。事實是如此沒錯，多數情況，貸放錢出去的組都可以拿回一包泡麵。但有幾次卻發生借錢來抽的那一組，卻連損6支，一包泡麵也沒抽到，破產了。貸放錢出去的組被倒帳，血本無歸。想說對方有6元可以抽，抽到一包的機率應該很高，結果全部落空。這個例子剛好說明，借款給他人，即使是認為安全性高的投資，也會有風險。

　　也有人說，這個遊戲先抽或後抽，結果差很大。如果遊戲設計是看別人抽的結果再來決定要不要抽，那先抽或後差自然有差別；不過，這個「抽泡麵」遊戲在執行時，當各組決定投資策略後，各組基本上是已決定都要抽泡麵的。既已決定要抽泡麵，那麼無論先抽或後抽，機率通常都是一樣的。

　　這個遊戲禁止賣空，也就是說不能透過賣出泡麵來賺錢，抽到的泡麵也無法兌現用來再抽其他的號碼。故而組員在詢問有無新的投資策略提案時，大多是問我們可否賣回泡麵後再來抽？而這個遊戲設計本身就是禁止

賣空，也就是禁止售回已抽得的泡麵或轉售，畢竟允許賣空的設計會導致遊戲變得較複雜。另外，中獎的機率也可隨機做調整，例如40%或25%等。也可以加入佣金的概念，請人代抽，抽中分他一半的泡麵；沒中，他補償你 1 ／ 4 的泡麵。

當遊戲告一段落，我會問大家如果是同樣的遊戲設計，但抽一次 100

表 18：抽泡麵教案範例

活動名稱	抽泡麵		
教學年級	高年級	教學時間	
教學研究	學 生 經 驗	教 學 重 點	
教學研究	· 有參加過抽獎或摸彩活動。 · 曾考慮成本與中獎機會，決定是否參加抽獎活動。	· 引導學生辨認各種方案的風險大小。 · 引導學生觀察自己與他人愛好冒險的程度。	
教學設備：100 當的抽當紙、泡麵（參與人數／ 4 的數量）			
教學目標	單元目標	具體目標	
教學目標	· 能推測各種情境下可能的結果。 · 能解釋風險的意思。 · 能辨認自己或他人愛好冒險的程度差異。 · 面對具有風險的情境，能理性做決定。	· 說出三種方案可能的結果 · 舉例說明結果確定的情形，與結果不確定的情形。 · 從三方案中分辨風險最高與最低者。 · 能指出選擇獨自抽籤者，屬於較愛冒險者。 · 能說出自己決定任何方案的理由。	

製表人：作者

萬元，而獎品是 400 萬的房子，會有人想要來試試看嗎？通常，說不要的人居多。若追問爲什麼不要？大家通常都會說太貴了。拿一次 100 萬元跟一次 1 元來相比，投資金額規模相對還是大很多的。而風險規避程度往往會受到財富規模的影響。當財富規模較小，個人的風險規避程度通常會變大，比較不敢冒險。

節	1	分	40
教 學 資 源			
‧籤筒			
‧零食			
教 學 聯 絡			
‧綜合活動—生活經營			
‧社會—投資理財			
九年一貫能力指標			

‧規劃改善自己的生活所需要的策略與行動。
‧了解投資是一種冒風險的行動，同時也是創造盈餘的機會。

　　這麼多財務遊戲中，參與者最喜歡玩這一個抽泡麵的遊戲，尤其是 EMBA 學生們。對這些大朋友而言，兒時抽泡麵的樂趣全部透過這個遊戲再次湧現腦海。曾有一位 EMBA 學生在連續槓龜後，當場拿出新台幣 100 元要求全包，要抽剩下的所有當籤。我問他為什麼？他說一來是不服氣，二來是認為得獎機率很高。

　　我認為這其中還有一個原因促使他這麼做，那就是投入金額很小。

　　這本書裡的各個遊戲都可以寫成教案。我們在此便以抽泡麵的遊戲做為例子，編寫小學教案 [3]（參見表 18）。

1. 可用 EXCEL 製作一個抽號碼牌的檔案，在無法取得紙張的號碼牌時使用。

2. 坊間販售可乾吃的泡麵，售價多半都在 4 元以上，所以玩這個遊戲時，我們會認定每包價值為 4 元。

3. 感謝時任政大實小，現任北市大附小周永泰老師的協助。

2.2

投資組合分散風險
猜色紙

　　準備下列表中各種顏色所需張數的色紙放入信封或提袋中。每次抽出一張紙，然後放回去袋子裡。猜對顏色即可獲得所相對應的報酬。

　　★這個遊戲總共玩 10 回。

　　★你每一回有 4 元可買不同的投資。

　　有 4 種顏色及一張雙心石滬的投資讓你選擇，其機率及報酬如下表。每個投資需要投入 1 元。你可以買同樣顏色的 4 張色紙，或是買不同顏色的投資，各種組合都可以，但每回最多只能買 4 元，因爲每回你只有 4 塊錢可投資（參見表 19、表 20）。

表 19：抽色紙張數及金額配置表

顏色	雙心石滬	紅	黃	藍	綠	白
張數	1	2	4	6	8	20
報酬	20	11	9	7	5	0

製表人：作者

表 20：抽色紙投資狀況表

第一回	雙心石滬	紅	黃	藍	綠	白	結果是 _____ 色	我賺到了 _____ 元
	我買 □	□	□	□	□	□張		
第二回	雙心石滬	紅	黃	藍	綠	白	結果是 _____ 色	我賺到了 _____ 元
	我買 □	□	□	□	□	□張		
第三回	雙心石滬	紅	黃	藍	綠	白	結果是 _____ 色	我賺到了 _____ 元
	我買 □	□	□	□	□	□張		
第四回	雙心石滬	紅	黃	藍	綠	白	結果是 _____ 色	我賺到了 _____ 元
	我買 □	□	□	□	□	□張		
第五回	雙心石滬	紅	黃	藍	綠	白	結果是 _____ 色	我賺到了 _____ 元
	我買 □	□	□	□	□	□張		
第六回	雙心石滬	紅	黃	藍	綠	白	結果是 _____ 色	我賺到了 _____ 元
	我買 □	□	□	□	□	□張		
第七回	雙心石滬	紅	黃	藍	綠	白	結果是 _____ 色	我賺到了 _____ 元
	我買 □	□	□	□	□	□張		
第八回	雙心石滬	紅	黃	藍	綠	白	結結果是 _____ 色	我賺到了 _____ 元
	我買 □	□	□	□	□	□張		
第九回	雙心石滬	紅	黃	藍	綠	白	結果是 _____ 色	我賺到了 _____ 元
	我買 □	□	□	□	□	□張		
第十回	雙心石滬	紅	黃	藍	綠	白	結果是 _____ 色	我賺到了 _____ 元
	我買 □	□	□	□	□	□張		

製表人：作者

　　雙心石滬這一張彩票的主題是可以換的，可以根據所去的地方並按其地方特色來更換。像是到馬祖便選用藍眼淚，到金門則改用風獅爺，至於到日月潭則選擇月老，到花蓮便使用太魯閣，最後是到南投仁愛鄉採用清境農場，到台東便用三仙台。

　　這個遊戲能讓讀者了解分散風險的概念，一個能降低風險的投資方式應該要將每回投資分散在不同的顏色投資上。但如果目標不單是降低風險，而是要追求高報酬，那玩這個遊戲是否要遵循「不要把雞蛋放在同一個籃子裡」的圭臬，還是要集中賭某個顏色呢？

　　如果比賽規則是賺最多錢的人贏，那想贏且只玩一輪及跟玩十輪才結算輸贏的策略會一樣嗎？玩一輪定輸贏，比較好的策略是賭一個顏色，全部押期望值最大的藍色，或是獎金最高的雙心石滬。嚴格說來，玩十輪才定輸贏時，分散風險會是比較好的策略。

　　一開始，學生們會對規則不熟悉，而陷於兵荒馬亂的狀況，待玩過一兩回後，便能進入狀況。有些小朋友會押四種不同的顏色，有些會押同一個顏色，譬如全押雙心石滬。學生們想，只要押中便能一夕致富。有些學生會只押 1 元，而不是押 4 元，這都是個人偏好不同，所呈現出的多樣性投資行為。

　　我會先由主持人抽幾回色紙，一旦抽出有顏色帶有獲利的色紙，總是會引起一陣歡呼及一陣嘆息。押中的，喜悅地計算獲利；沒中的，孤獨地在帳上記下損失 4 元。接下來各回合，可以邀請學生來抽，以示公平，免得參與者說主持人都故意抽出白色的。抽出白色的，獲利是 0。

　　這個遊戲的設計，其獲利情形，是一旦抽出有顏色的色紙，就有正的獲利。主要是要讓小朋友開心。當然也可以將獲獎的金額調小，像是綠色的獎金可以從 5 元調整成 3 元。

　　遊戲最後，讓小朋友統計獲利情形，找出獲利最高的同學，頒獎給他。要確認他的計算是正確的，是有扣掉每一回押注的金額。要優勝的同學說明一下他的押注情形，從中了解他是怎麼贏的。有時，是單押一種顏色的人最贏；也時則是多角化分散風險的人最贏。這是只有玩 10 回的遊戲所呈現出來的結果，那要是玩一萬次，十萬次呢？大家可以思考這個問題。

2.3

___

效率市場
黑白球

　　袋子裡放 10 顆球，其中 3 顆是白球，7 顆是黑球。每回抽 1 顆球，抽出來便不再放回袋子裡。每一回抽球前，每位參與者可出錢猜最後一顆是黑球還是白球？且以最高價者成交，成交者需支付當時投標的金額。直到最後，猜對者可得到獎金 100 元（參見表 21）。

　　★有黑、白兩種色球，白球 3 顆，黑球 7 顆。

　　★每次從袋中抽出一球，再來猜最後一球會是什麼顏色？

　　★猜對者可得獎金 100 元，猜錯者 0 元。

　　★每次抽球前，每人必須寫下以多少錢買下黑球勝，還是白球勝？

　　★逐次記錄買黑球的最高價格？以及買白球的最高價格？

　　★每個人也要記錄自己共計用了多少錢買黑球勝或是買白球勝？

　　★重複直到抽出最後一球為止，給付獎金⋯⋯。

表 21：黑白球遊戲競價單

	黑球	白球
第一回		
第二回		
第三回		
第四回		
第五回		
第六回		
第七回		
第八回		
第九回		
第十回		

製表人：作者

我們來看一個實作後的例子，看看有何財務上的涵義（參見表 22）。

從上面舉例的遊戲中可知道，最後的結果是黑球贏，買到黑球的人可賺到 100 元獎金，若再扣掉成交價格，即為實際的報酬。反觀買到白球的人，則平白損失所支付的投標價格。

從（表 22）中可看出，黑球每回的成交價格與白球的成交價格加總起來都大於 100 元，莊家看起來大賺錢。若這是一個有效率的市場，每一回黑球與白球投標金額相加應為 100 元。在這種兩者加起來大於 100 元的情形下，應該可以進行套利活動，也就是應該兩個都賣。也就是說，大家會急著做莊，供給增加，價格下跌，均衡時，黑球與白球投標金額相加應為 100 元。

表 22：黑白球遊戲結果

	黑球投標金額	白球投標金額	抽出球的顏色
第一回	90	70	黑球
第二回	90	60	黑球
第三回	90	80	白球
第四回	90	90	黑球
第五回	90	90	白球
第六回	80	80	黑球
第七回	80	50	白球
第八回			
第九回			

製表人：作者

我們在未來事件交易市場中就會看到這樣的均衡現象[1]。

那要是黑球成交價格與白球的成交價格加起來小於 100 元呢，又該如何套利呢？套利的方法就是，黑球跟白球都買，因為其成本根本不到 100 元，但最終不管是黑球贏還是白球贏，你都一定可以拿回 100 元。

有一個類似的拍賣遊戲，叫做「1 元拍賣」（Dollar Auction）？這個遊戲是由經濟學家馬丁‧舒比克（Martin Shubik）於 1971 年所設計提出的理論。遊戲是兩個人（或多人）競標一張 1 元的美元鈔票，出價最高者可贏得這張紙鈔。只要出價，不管輸贏都要支付所投標的錢給莊家。每個人先寫下想參與競標的金額，每次增加則以 5 分錢為準。

例如 A 投標 10 分錢，B 投 15 分錢。A 輸 10 分錢，B 付出 15 分錢，贏得 1 塊錢，賺 85 分錢。但 A 不認輸，會加碼，譬如出價到 20 分錢。這

下子，換 B 不服輸了。B 沒贏，則會白白損失 15 分錢，所以 B 會再加價。如此循環上升再加價。當兩人的投標價格各自超過 50 分錢時，莊家就註定不會賠錢了。但遊戲卻不會到此為止，它會一直持續下去，因為誰也不願服輸，不願白白損失金錢。

現在遊戲來到 A 投標 95 分錢，B 投 90 分錢。B 如不繼續往上投，就會損失 90 分錢，因此 B 會出價到 1 元。B 如因而獲勝，他會沒輸沒贏。但 A 會白白損失 95 分錢。所以 A 會繼續往上加，投到 1.05 元。如獲勝，A 只損失 5 分錢，不投，就會損失 95 分錢。

如此下去，這個遊戲會一直繼續往上加……。

為了一張 1 美元的鈔票競標超過 1 美元，情況看似不太合乎邏輯。但不繼續往上加價去投標，損失 95 分錢可是比損失 5 分錢更令人感到難過。再這個遊戲中，理性的判斷迫使參與者陷入螺旋升級的漩渦中。雖然是理性的思考，但卻又不理性地堅持到底。

至於要怎麼突破這個困境呢？

★不參與這樣的拍賣遊戲或投資，一但參與，便陷入危機。

★馬上投標 95 分錢，這樣或許能嚇阻其他人繼續投標，如果還不行，那就，

★馬上出價 1 美元。你不會損失任何錢，其他競標者也不會出價。

★跟其他投標者串聯（collusion），講好誰出價，出多少錢，再一起分享利潤。如一直堅持己方不可有所失，往往會錯失協調互利的機會。

想一想，上述這四種狀況，哪一種情況下，會有人背離，使得均衡被打破？

---

1. 未來交易市場如 Iowa Electric Market 及政治大學的未來事件交易所。

2.4

市場風險與公司風險
投資股票

　　本書強調遊戲設計要簡單，這裡的股票投資遊戲是屬於比較複雜的一款，比較難跟參與者解釋清楚後再來玩。所以我建議大家先按照流程走一遍，待第二次再仔細玩！

　　如此一來，即使參與者都是小學生，通常在試玩第二回的時候，基本上也都能了解遊戲所要傳達的箇中涵義與規則了。

步驟 1：抽出情境

　　股市行情會隨著政經情勢改變，這時的選股策略就會有不同的考量。現行設計中共有六個情境，情境中有不同的總體變數與機率組合，包括貨幣政策、財政政策、景氣循環及美股變動等。其情境內容則如（表 23、表 24、表 25、表 26）所示。利用骰子來抽，待骰子出現 1 時即為【情境一】，骰子出現 2 即為【情境二】等。

步驟 2：選股

　　在選定情境後，參與者必須考慮該情境下，哪一檔的股票比較有機會

賺大錢？選股時必須考慮個股如何受到總體經濟變數的影響，再衡量步驟
1 所抽到的情境來選股。例如抽到【情境一】並抽中利率調降，股票變數
屬於（a）的就會加一個籌碼，屬於（b）可加兩個籌碼，屬於（c）可加
三個籌碼；若同樣是【情境一】，抽中利率調升時，股票變數屬於（a）
減一個籌碼，（b）減兩個籌碼，（c）減三個籌碼。

　　從（表 23）中看起來在【情境一】（貨幣政策）情形下，富邦金控
會比較容易受到利率變動的影響。

　　參與者小組討論後，在（表 27）中從十檔股票中（台積電、鴻海、
富邦金控、長榮海運、中鋼、華碩、寶成、台塑、美食 KY、和雄獅）選
出所要投資的標的，可以重複選。所選的每一檔，在表三股票投資組合表
中個寫上所欲投資的股票，及放（寫）上 12 個籌碼。

步驟 3：抽總體變數

　　依貨幣政策、財政政策、景氣循環、及美股變動的次序來抽各個總體
變數。

　　（1）貨幣政策：如投擲骰子出現 6，則是為（利率調升），個別股
票受到影響是（a）的就要減一個籌碼；（b）的就要減 2 個籌碼；是（c）
的就要減 3 個籌碼。如果骰子擲出 5，那就什麼也沒影響，繼續下面的財
政政策（參見表 23）。

表 23：【情境一】下的可能結果

機率	貨幣政策	
3／6（1、2、3）	利率調降	(a)：+1 (b)：+2 (c)：+3
2／6（4、5）	利率不變	
1／6（6）	利率調升	(a)：-1 (b)：-2 (c)：-3

製表人：作者

　　（2）財政政策：如投擲骰子出現 5，則是為（調降營業稅），個別股票受到影響是（a）的就要加 1 個籌碼；（b）的就要加 2 個籌碼；是（c）的就要加 3 個籌碼（參見表 24）。

表 24：【情境一】下的可能結果

機率	財政政策	
5／6 （1、2、3、4、5）	調降營業稅	(a)：+1 (b)：+2 (c)：+3
1／6（6）	微升證券交易稅	(a)：-1 (b)：-2 (c)：-3
0／6	課徵證券交易所得稅	(a)：-2 (b)：-4 (c)：-6

製表人：作者

（3）景氣循環：如投擲骰子出現4，則是爲（景氣燈號由紅黃轉爲綠燈），個別股票受到影響是（a）的就要減一個籌碼，（b）的就要減2個籌碼，是（c）的就要減3個籌碼（參見表25）。

表25：【情境一】下的可能結果

機率	景氣循環	
3／6（1、2、3）	出口金額成長率大增	（a）：+1 （b）：+2 （c）：+3
2／6（4、5）	景氣燈號由 紅黃轉爲綠燈	（a）：-1 （b）：-2 （c）：-3
1／6（6）	失業率大幅上升	（a）：-2 （b）：-4 （c）：-6

製表人：作者

（4）美股變動：如投擲骰子出現5，則是爲（北海布蘭特原油上漲），個別股票受到影響是（a）的就要減一個籌碼，（b）的就要減2個籌碼，是（c）的就要減3個籌碼（參見表26）。

表 26：【情境一】下的可能結果如下

機率	美股變動	
4／6（1、2、3、4）	NASDAQ 大漲	(a)：+1 (b)：+2 (c)：+3
2／6（5、6）	北海布蘭特原油上漲	(a)：-1 (b)：-2 (c)：-3
0／6	紐約股市大崩盤	(a)：-2 (b)：-4 (c)：-6

製表人：作者

步驟 4：公司變數

抽機會命運卡只會影響一家公司的漲跌。抽出一張機會命運牌，牌上會註明哪一家公司的個別事件，事件有好有壞。例如抽到「世界三大設計獎之一的「德國紅點設計大獎（Red Dot Design Award）」公佈 2022 年最新得獎名單，華碩憑藉出色的產品設計，一舉奪下 39 項產品設計獎，獲獎數再創新高。」市場解釋這對華碩是好事，所以華碩股價上漲。接下來透過擲骰子，亦可決定華碩可以上漲多少點。

這一部分可進行四次。

步驟 5：好運連連

這是最後翻盤的大好機會。市場可能會出現突發事件，並對某家公司

的股價造成影響。先抽出一張好運連連，牌上會說明事件，並註明漲還是跌。例如抽到「投信重新整隊開始買超，統一、台新、第一金、兆豐國際、華南等五大投顧也看好後市，法人支撐買盤。請抽一張牌，決定公司。再擲骰子，決定漲幅。」會漲，接下來抽一張公司牌，看是哪一家公司最後有翻盤的機會。再擲骰子，決定漲多少。

步驟 6：決算最後籌碼

最後結算報酬，籌碼最多者為優勝，發給獎品。

表 27：股票投資決算表

代碼	股票代號	股票名稱	類股	原始投資籌碼	加減籌碼數	剩下籌碼	總計籌碼數
A	2330	台積電	電子				
B	2337	鴻海	電子				
C	2881	富邦金控	金控				
D	2603	長榮海運	航運				
E	2002	中鋼	鋼鐵				
F	2357	華碩	電子				
G	9904	寶成	傳產				
H	1301	台塑	塑膠				
I	2723	美食 KY	餐飲				
J	2731	雄獅	旅遊				

製表人：作者

表 28：股票投資總體環境

情境一	情境二	情境三	情境四	
很好	寬鬆貨幣	經常帳增加	石油／美股	
機率	機率	機率	機率	
3／6（1、2、3）	5／6（1、2、3、4、5）	0／6	2／6（1、2）	
2／6（4、5）	1／6（6）	4／6（1、2、3、4）	2／6（3、4）	
1／6（6）	0／6	2／6（5、6）	2／6（5、6）	
5／6（1、2、3、4、5）	3／6（1、2、3）	3／6（1、2、3）	2／6（1、2）	
1／6（6）	3／6（4、5、6）	3／6（4、5、6）	2／6（3、4）	
0／6	0／6	0／6	2／6（5、6）	
3／6（1、2、3）	3／6（1、2、3）	4／6（1、2、3、4）	2／6（1、2）	
2／6（4、5）	2／6（4、5）	2／6（5、6）	2／6（3、4）	
1／6（6）	1／6（6）	0／6	2／6（5、6）	
4／6（1、2、3、4）	3／6（1、2、3）	3／6（1、2、3）	1／6（1）	
2／6（5、6）	3／6（4、5、6）	3／6（4、5、6）	2／6（2、3）	
0／6	0／6	0／6	3／6（4、5、6）	

製表人：作者

註：括弧裡面是骰子出現的點數。

情境五	情境六		償付
稅制大改革	極壞		
機率	機率	貨幣政策	
2／6（1、2）	1／6（1）	利率調降	(a)：+1 (b)：+2 (c)：+3
2／6（3、4）	2／6（2、3）	利率不變	
2／6（5、6）	3／6（4、5、6）	利率調升	(a)：-1 (b)：-2 (c)：-3
		財政政策	
3／6（1、2、3）	0／6	調降營業稅	(a)：+1 (b)：+2 (c)：+3
1／6（4）	4／6（1、2、3、4）	微升證券交易稅	(a)：-1 (b)：-2 (c)：-3.
2／6（5、6）	2／6（5、6）	課徵證券交易所得稅	(a)：-2 (b)：-4 (c)：-6
		景氣循環	
2／6（1、2）	1／6（1）	出口金額成長率大增	(a)：+1; (b)：+2 (c)：+3
2／6（3、4）	2／6（2、3）	景氣燈號由紅黃轉為綠燈	(a)：-1 (b)：-2 (c)：-3
2／6（5、6）	3／6（4、5、6）	失業率大幅上升	(a)：-2 (b)：-4 (c)：-6
		美股變動	
3／6（1、2、3）	0／6	NASDAQ 大漲	(a)：+1 (b)：+2 (c)：+3
3／6（4、5、6）	4／6（1、2、3、4）	北海布蘭特原油上漲	(a)：-1 (b)：-2 (c)：-3
0／6	2／6（5、6）	紐約股市大崩盤	(a)：-2 (b)：-4 (c)：-6

表 29：股票投資因素影響表

	股票代號	股票名稱	類股	總體變數				
				貨幣政策	財政政策	景氣循環	美股變動	
A	2330	台積電	電子	（a）	（a）	（a）	（c）	
B	2337	鴻海	電子	（a）	（a）	（b）	（c）	
C	2881	富邦金控	金控	（c）	（c）	（a）	（b）	
D	2603	長榮海運	航運	（a）	（a）	（c）	（b）	
E	2002	中鋼	鋼鐵	（a）	（a）	（b）	（b）	
F	2357	華碩	電子	（b）	（a）	（b）	（c）	
G	9904	寶成	傳產	（c）	（a）	（c）	（a）	
H	1301	台塑	塑膠	（a）	（c）	（a）	（a）	
I	2723	美食 KY	餐飲	（b）	（a）	（b）	（a）	
J	2731	雄獅	旅遊	（c）	（a）	（c）	（a）	

製表人：作者

註：（a）、（b）、（c）：受影響程度。

表 30：股票投資組合

第一檔股票：	第二檔股票：	第三檔股票：
第四檔股票：	第五檔股票：	第六檔股票：

製表人：作者

公司變數				好運連連
機會／命運	機會／命運	機會／命運	機會／命運	

機會命運牌

　　將下列內容做成小卡片。玩時，抽出一張牌，看是哪一家公司，判斷是好事還是壞事，再擲骰子決定增減的點數。

・上市櫃公司陸續公布營收，季報將成為市場關注的焦點。法人持續看好晶圓代工龍頭台積電挾先進製程優勢，將持續扮演台股的中流砥柱。

・英特爾宣布重返獨立繪圖晶片（GPU）市場，推出用於筆電的「Intel Arc」獨立圖形晶片系列產品，將採用台積電的 6 奈米製程來生產。

・台積電揭露其最新 ESG 目標及進度，將更新節能減碳的計畫及進

展。聚焦擴大測試機台改造行動，目標訂在先進封裝機台系統的升級，預期未來四年可以年省 4,000 萬度電、減碳 20,080 公噸，成效卓著。市場反應非常正面。

· 因應近來的新冠疫情，半導體龍頭台積電率先宣布內部將拉高防疫等級，「紅藍軍」分組上班重新啟動，成為第一家提升廠區防疫措施的指標廠商。市場認為是好楷模。

· 英特爾將重啟晶圓製造業務，大增資本支出自行製造，代表後續中央處理器晶片委託台積電代工的訂單將降低。台積電原先吃到多少英特爾的委外案，將大幅減少。

· 新冠疫情擴散全球、大客戶蘋果不得不下修財務預測。其大砍 5G 手機訂單，將影響台積電股價，台積電後市下跌。

· 鴻海集團董事長劉揚偉宣布電動車 Model C 將在 10 月 18 日啟動預售，代表鴻海百萬內電動車即將落實量產。這對鴻海股價有幫助。

· 蘋果打造旗下史上最大尺寸的 MacBook Air 輕薄筆電，其一改目前僅推出 13.3 吋的機種，將螢幕放大為 15 吋。預料將掀起新一波換機潮，鴻海等供應鏈吃補，股價漲。

· 受烏俄戰爭與通膨壓力的雙重影響，蘋果將大砍 iPhone 13、iPhone SE 3、AirPods 等三大產品的訂單，鴻海股價將受影響。

· 根據調查，董監事持股質押比重超過 50% 的上市櫃公司有 54 家，其中鴻海大股東持股質押比重高達 80% 到 90%，引發市場負面關注。

- 台塑集團擴大在新能源、儲能領域的資本支出，將加速相關布局規畫，市場反應正面。

- 在油價急漲壓力下，泛用樹脂啟動新一波的漲幅，其中，以聚氯乙烯（PVC）的漲勢最大，本周漲幅達 6.1%；聚丙烯（PP）、PS（聚苯乙烯）和 ABS 也各有 0.3% 至 1.7% 的漲幅。台塑（1301）的營運表現可期，好。

- 國際油價崩跌，影響石化產品的價格表現，市場需求動能被壓抑。塑化產業從最上游的石化、到下游的塑橡膠業，不幸都成為這一波油價崩跌襲擊下的重災區。

- 台塑林園廠發生大火，台塑發表訊息表示，SILO 區膠粒成品儲槽槽頂破裂起火，影響聚丙烯（PP）的庫存。市場怕事故對營運造成影響。

- 鐵礦砂期貨因市場預期中國的鋼鐵產量有望恢復原先水準，激勵鐵礦砂報價大漲 6%，中鋼（2002）受惠鐵礦砂期貨大漲，帶動鋼鐵股強彈

- 電動車是未來的亮電產業，離岸風電及太陽能板也是，這些都需要大量的的鋼品供應。中鋼將能量，充分供應這些產業未來的需求。

- 高盛發布美國鋼鐵產業分析報告，發現鋼鐵價格有回落的可能性，因而下調美國主要鋼鐵廠目標價；在這種空頭看法下，中鋼（2002）股價震盪走疲。

- 中鋼董事會通過要配發股利 1.16 元，其中現金股利 1.01 元、股票

股利 0.15 元。這是十年來的新低，市場反應不好

- 振興五倍券衝衝衝！受疫情影響經濟放慢，行政院為促進經濟發展及協助受創產業復甦，將推出振興五倍券，民眾可用 1 千元換 5 千元。這措施預計將引領內需相關概念股「向錢衝」。美食-KY（2723）全面紅通通，「振興概念股」振臂歡呼！

- 美食-KY（2723）公告年度獲利，每股盈餘增至 6.1 元，較前一年度成長 8%。公司準備配發現金股利 5 元，股利支付率達 82%。連續兩年維持七成以上的股利支付率，也創公司上市以來的新高。

- 外資調降美食-KY 的目標價，理由是原物料上漲，中國大陸消費信心疲弱。為抵抗不利環境，美食-KY 去年第 4 季促銷力度增加，以致成本激增，利潤率面臨壓力。不好。

- 蔡英文總統外交出訪，在過境美國洛杉磯時順便造訪了當地的 85 度 C 門市，造成轟動。卻也引起了大陸人對 85 度 C 的抵制、拒買，母公司 KY 美食的股價重挫。

- 台鐵 2020 年推出設計美學觀光列車「鳴日號」，反應熱絡。經營權由雄獅旅遊標得，將主打在地特色路線旅遊，市場看好雄獅的股價表現。

- 交通部觀光局為了鼓勵民眾出遊以推動經濟，準備推出國旅券。為此，雄獅旅遊配合「馬祖國際藝術島」活動，加碼推出「放大國旅券最後優惠」，行程包含媽祖巨神像、八八坑道、芹壁閩東古厝等。雄獅利多。

· 郵輪「探索夢號」的母公司雲頂在香港爆發出財務危機，將不再以基隆港為母港。本地與雲頂合作的雄獅旅遊受到極大的影響。

· 疫情打趴餐飲旅遊業，王品、雄獅等公司虧慘了。

· 無畏烏俄的開打，擾亂了資本市場。富邦金控公告單月稅後盈餘 158.26 億元，大贏其他金控至少 2 倍以上。富邦金前兩月累積稅後盈餘達 385.9 億元，每股稅後盈餘（EPS）有 3.27 元。在疫情作亂時代中依舊穩坐三冠王，短期內其他金控恐難超越，太厲害了。

· 富邦金在併購日盛金控之後，將同時壯大銀行與證券業務的效益，市場頗為期待他們所能發揮的綜效。

· 花旗（台灣）銀行準備出售個人金融業務，富邦金透過子公司台北富邦銀行取得台灣市場優先議約權，但最後沒談成，誠屬可惜。

· 富邦金核心子公司是富邦人壽，它持有俄羅斯債券帳面價值達 212 億元，帳列 FVOCI（其他綜合損益按公允價值）者逾 30%，按市價評價的結果，帳面價值合計將縮水至 169 億元，慘。

· 長榮海運全年營收繼續創造歷史新高，近來受惠於塞港效應以及運價持續攀升的影響下，營收預期將繼續創新高。法人持續看好長榮海運的營收。

· 展望航運後市，看到六月美國碼頭工人換約，運價將持續處於高檔，長榮海運新船持續下水增加運量。航海王今年營運成長可期。

· 長榮海運（2603）董事會通過減資 6 成。市場掀起各式各樣的陰謀論說法，主要是過去有許多惡例，很多公司的「減資」，都是在圖

利大股東、欺負散戶、或規避所得稅。主管機關要硬起來，必須從嚴審核，提高減資案的門檻，才能保障多數投資人權益。市場反應負面。

· 兄弟之間爭奪長榮國際及長榮鋼的經營權，恐將會影響長榮海運的經營。

· 長榮海運的貨櫃輪「長賜號」在蘇伊士運河擱淺，讓運河塞了六天，引發全球運輸大亂。

· 華碩得獎了。世界三大設計獎之一的「德國紅點設計大獎 (Red Dot Design Award)」公佈 2022 年最新得獎名單，華碩憑藉著出色的產品設計，一舉奪下了 39 項產品設計獎，獲獎數再創新高。

· 華碩近 4 年的業績表現亮麗，成長股當中，華碩是標準的典範。業績成長 186％，EPS35.76 元，呈現倍數成長。

· 烏克蘭副總理在推特（Twitter）發文點名華碩（2357），呼籲華碩要加入抵制俄羅斯行列。華碩趕緊回應，對俄羅斯出貨已停止。外資持股華碩部位持續下滑，已跌破 5 成，倒楣。

· 顯示卡報價雪崩，創下史上的最大跌幅。顯示卡龍頭華碩（2357）率先在大陸砍價，同業也陸續跟進，可說是「殺紅了眼」。

· 寶成跟潤泰是潤成的兩大股東，潤成受惠於南山人壽去年稅後大賺 597 億元、年增 58.9％，有望寫下潤成投資控股入主 11 年來，首次配發「現金股息」紀錄。寶成集團有望現金落袋。

· 寶成（9904）去年的稅後淨利達 144.39 億元、年增率 198.3％，獲利

創下歷史新高，每股稅後淨利（EPS）4.9 元。股價反彈 3.1%，讚。

· 寶成去年合併營收年減率 4%，主要是因為去年下半年受越南疫情的干擾以及零售銷售疲弱所導致。大幅抵銷了上半年穩健復甦營運的表現，股價跌。

· 疫情爆發後，寶成以樽節開支的名義開除了 4 萬多名的員工，且對中高階主管祭出優退方案，造成內部 10 多名老臣集體掛冠求去。

好運連連牌

先抽下列一張牌，再抽出一家公司，再擲骰子決定漲跌幅。

· 行政院昨日表示，為了因應國際混亂情勢，要求各部會研商，如何持續穩定物價及金融市場。行政院長要求：因循既有機制來因應股匯市波動，「該出手時就要出手」。請抽一張牌，決定公司。再擲骰子，決定漲幅。

· 投信重新整隊開始買股票，持續買超，統一、台新、第一金、兆豐國際、華南等五大投顧也看好後市。法人開始支撐買盤。請抽一張牌，決定公司。再擲骰子，決定漲幅。

· 美國股市再收高，為新一季的未來帶來好兆頭。美國日前所公布的就業報告算是穩健，代表美國經濟復甦韌性十足。請抽一張牌，決定公司。再擲骰子，決定漲幅。

· 市場預期未來數月內邊境將有解封的可能，航空、觀光、餐飲、旅遊等類股殷切期盼，可望增加獲利，因此大漲。

· 國際原物料價格急劇飆漲，布蘭特原油逼近 140 美元，金價也突破每盎司 2,000 美元，鋁期貨價格飆至每噸 4,000 美元，鎳價二天內飆了 250％，小麥期貨也突破 1,200 美元關卡。通膨擋不住了，預期消費將減少。請抽一張牌，決定公司。再擲骰子，決定跌幅。

· 中經院發布季節調整後的台灣製造業採購經理人指數（PMI），在連續 21 個月成長後，指數下跌至 57.8，且預期未來六個月指數將持續下滑。請抽一張牌，決定公司。再擲骰子，決定跌幅。

· 根據調查，市場上各項產品採購需求下降，市場轉向供過於求，導致各項合約價開始下跌。請抽一張牌，決定公司。再擲骰子，決定跌幅。

　　這個遊戲比較複雜，但富含投資內涵。我們以籌碼放在股票投資組合單上來進行遊戲。首先我們先抽出情境 1-6，情境中有不同的總體變數機率組合，總體經濟會對各股有影響，但影響程度不一，我們先假設了其對個股的影響程度。例如：抽到情境一，並且抽中利率調降，股票變數屬於（a）的就會加一個籌碼，屬於（b）可加兩個籌碼，屬於（c）可加三個籌碼；若同樣是情境一，抽中利率調升時，股票變數屬於（a）減一個籌碼，（b）減兩個籌碼，（c）減三個籌碼。在玩的時候也可以有其他的標的股，然後重新給定總體經濟對該個股的影響程度。

　　在抽出情境以後，各組決定要買哪些檔股票，在本例中有十檔股票可選擇。可同一家公司重覆選，也可買不同公司，並在該股票格紙上放上 12

枚籌碼。各股受影響程度如表上所示。在玩的過程中，我發現有些組會集中壓在少數股票中；有些組則會採取多角化策略。但有一共通點就是，對於原來不熟悉的股票較不會選擇。

　　除了影響所有股票的總體經濟變數外，有許多因素只會對個別公司有影響。我們因而設計了有如大富翁的機會與命運卡。卡上寫有各種各別公司會發生的情況，例如：「董事長捲款潛逃，公司股價跌」；或是「高達二、三十公頃的土地將陸續開發獲利大幅增加」。這些機會命運卡上會直接註明哪一家公司發生甚麼事，再擲骰子決定加減多少籌碼。

　　由於每一家公司受到經濟變數影響的程度不同，因此在抽出情境後，各組會花一些時間來討論應該選擇哪些股票。這個遊戲的獲勝是採最後所剩籌碼最多的一組贏。有人玩過之後提出看法說，有人認為，要贏的話，其最佳策略是將所有籌碼壓在同一家股票上。其實這個道理就跟真正在投資股票時一樣，將所有的資本投入在同一家公司，其預期報酬雖會很高，但相對地，風險也提高。所以這樣的策略可能最贏，但也很有可能最輸。如果採取的多角化策略，會比較保守穩健，但獲利情形不會特別高。我也嘗試調整經濟變數對個股的影響點數，故意留下線索讓參與者計算應該是集中投資，還是分散投資來爭取獲勝的機會。當然也可以多玩幾輪，最後裁定輸贏，這時贏的策略會與只玩一輪時的策略有所不同。

　　影響股東投資的因素有許多，可分為總體因素與個別公司因素。總體因素包括貨幣政策、GDP 成長率、財政政策、失業率等，政府的作為會對股市有一定的影響，經濟變化會左右股市的走勢。近年來國際股市連動極

深，尤其是台股經常受國際股市走勢影響，往往美股大跌，台股也跟著跌。個別公司因素極多，舉凡影響公司經營績效的任何人事變化、策略改變等都會影響公司的股價。

股票投資風險性高，主要是有許多因素無法掌握，投資股市要特別小心，謹守多做功課及分散風險的原則。多做功課是說本身要加強財務知識的累積與了解，要研讀影響市場走向的各項資訊，了解市場如何運作，勤讀投資標的各項資訊。分散風險是要確保能在所能承擔的風險之下，賺取最多的報酬。

股市投資須累積一些經驗，但直接拿錢去股市做功課往往先虧很多錢，等於繳了許多學費卻學不到一點功夫。坊間有許多模擬交易系統，可以考慮，但頗為複雜，在此我們提出一個簡單的股市投資遊戲，簡明易懂，但絕對富含教育意義。

2.5

———

拍賣手機

有 5 支手機要拍賣，底價是 8,000 元。有兩個拍賣方式，一是單一價格標（Uniform Price Auction），另一種方式是複數價格標（Discriminatory Auction）。可以告訴參與者一個資訊，說手機實際價格在 10,000 元至 15,000 元，或是不用說（參見表 31）。

表 31：虛擬的拍賣手機

	i 大大手機 105 Pro	
價格	？？？	
螢幕大小	6.8 英吋	
螢幕更新率	1 ～ 128Hz	
CPU	A17 ～ 3 Bionic	
記憶體大小	256GB	
後相機	50MP main、14MP ultrawide、14MP telephoto （3x optical zoom）	
前相機	14MP	
電池大小	3,800 mAh	

製表人：作者

1. 單一價格標拍賣（Uniform Price Auction）：每個人出一個價錢，最高的五個價格得標，得標者付最低的得標價即可。

2. 複式價格標拍賣（Discriminatory Auction）：每個人出一個價錢，最高的五個價格得標，得標者付個別所出的價格（參見表 32）。

表 32：投標手機出價表

		我的出價	決標價格	我有沒有得標	最高得標價
單一價格標	第一回				
	第二回				
複數價格標	第一回				
	第二回				

製表人：作者

我們來看一個實作的結果：

1. 於單一價格標部分：出價最高為 5 萬元，再來是兩個 4 萬元，一個 3 萬元，第五個價錢為 2 萬元。每個人都付最低的得標價 2 萬元，拍賣者總收入為 10 萬元。

2. 於複式價格標部分：出價最高為 18,000 元，再來是 17,000 元、16,000 元，及兩個最低價格為 15,000 元，拍賣者總收入為 81,000 元。

看起來前者的總收入比較大。在進行單一價格標遊戲時，我總會「鼓勵」大家，目的是得標，出高價沒關係，先贏再說，最後付的價格不是所出的高價。有些人會受我的影響，因而喊很高的價格。有時我也會安排槍

手去喊高價，拉抬整個得標價格，當然這是不道德的。怕只怕說在現實環境中，這樣哄抬股價的情形是有可能發生的。

之後再玩第二次或是第三次，投標人會變得更謹慎，所以標價會降低。實際上，投標人應事先蒐集資訊，了解所欲投資產品的真實價格，不論是哪一種競拍方式，也不應拋出超過其真實價值的標價，否則一旦得標，就等於是輸錢，反而陷入贏家詛咒（Winner's Curse）。再者，即使獲得資訊，投標時也應預估無資訊投資人（Uninformed Investors）的參與情形，因為這些人的參與往往才是干擾投標結果的主因。

「單一價格標」是出價最高的前五人得標，但每人只要付最低得標價即可。「複式價格標」也是出價最高的前五人得標，但每人需支付自己喊出的價格（Pay What You Bid）。前一個方法有所謂「自由騎士」（Free Rider）的問題，有人會把價格出得很高，心想只要付第五高的價格即可。「複式價格標」最常見的問題是「贏家詛咒」。出最高價贏的人要出售所贏得的商品時，他在市場上所能看到的最高出價是當初標售時出價第二高的價格，所以當他一買到，其實就賠了。

對投標者而言，哪一種標售方式較好呢？又對出售者而言呢？

對出售者而言，一般人會希望用第一項拍賣方法，但如果投標者很少且都是熟讀資訊的投資人，那要利用第一種方式來得到更多的收益，恐怕不容易，因為出價者知道實際價格，不管用哪種方法，所出的價格都不會超過已知的實際價格。要是知道投標人有許多人是未具有資訊的投資人，那第一種確實有可能可以收到較多的收益。

2.6

贏家詛咒

在一個密閉的罐子裡放入八十五個 1 元硬幣，讓參與者出價買這個罐子，罐子也可以是透明的，就跟我們玩猜豆子遊戲一樣，硬幣數量也可變化，假設罐子本身是沒有價值的。記得在玩完下列四種方式之前，不要先公布正確價值。

★首先舉行英國標，以最高價者得標。先設定一個 75 元的底標，看看有沒有人出標？若都沒有人投標則流標。有人願意出 75 元時，再看看有無別人願意出更高的價格？直到沒有人出更高的價格為止……，最後請記錄出價狀況及得標價格。

★接下來舉行荷蘭標，以 100 元當起始價，若沒有人願意接受，價格就 1 塊錢、1 塊錢地往下調降，直到有人願意買為止，但最低只降到底價 75 元為止，最後請記錄下出價狀況及得標價格。

★第三種方式是最佳價格標，每位參與者在紙上寫下競標價格並密封起來，待收集所有人的標單後再公開標單，以最高價者得標，並支付所出的價格。

若有很多人出價一樣，則以抽籤方式決定誰得標。記錄下所有人的出價狀況可劃成需求曲線。

★第四種方式是次佳價格標，如同最佳價格標，每個人寫下競標價格並密封起來，收齊後公開拆封，出最高價的人得標，但只須支付次高的標價爲購買價。如有多人出同樣的最高價，可用抽籤方式決定得標者。

網路發達促使網拍盛行，現在有許多交易都喜歡用線上拍賣的方式來進行。其最大的特點就是免去跟賣家的談判，直接以價格與其他買家競爭，所以更顯公平、公開，價格也公正。尤其是價格公正這部分，藉由投標者蒐集資訊後來參與投標，投標結果可以顯現出商品的合理價格。但如果投標者不蒐集資訊且亂投標，則往往會出現所謂「贏家詛咒」的現象。

經常使用拍賣來交易的商品有房地產、採礦權、建築合約、農漁產品、國庫券／政府公債、手機系統頻率、數位電視頻道等。近來在網路上的拍賣商品更是琳瑯滿目，似乎是任何物品都可以拍賣。拍賣尤其是適用於一件商品的真實價格不明，賣方有意藉由拍賣來顯示出參與拍賣者所知有關物品價格的資訊。有些參與者會去積極蒐集資訊，執行有策略的投標；但有些投標者卻不蒐集資訊，投標策略也不高明。因此常會出現出價過高的窘境，導致產生所謂「贏家詛咒」的現象。

前面我們所玩的手機拍賣遊戲一次拍賣五支，這屬於數量較多的拍賣，另外常見的古董拍賣、藝術品拍賣等都是單一物品的拍賣，單一物品的拍賣方式常見的有四種，英國標（English Auctions）、荷蘭標（Dutch Auctions）、最佳價格標（First-Price Auctions）及次佳價格標（Second-Price

Auctions）。英國標和荷蘭標都是現場公開喊價的方式，最佳價格標及次佳價格標則是密封投標，之後再公開開標。

英國標是公開喊價時，價格愈喊愈高，待最後再也沒人出更高價時，以所喊最高價者得標。荷蘭標則是價格愈降愈低，待有人接受時則成交。最佳價格標中，每一個投標者密封寫下標金，公開開標，以出最高價者得標，並以所出的最高價做為得標價格。而次佳價格標則仍是出價最高的人得標，但只要付出次高價格做為得標金。

這四種方法哪一個好？

最常被討論的即是哪一種可以收得最高的價錢。

拍賣方式的不同，會造成投標者的投標策略並讓投標行為受到影響。許多人會認為，次佳價格標可以引誘投標人出更高的價錢，但一個投標人為避免贏家詛咒，他不會出過高的價格，因此透過這幾種方法的得標價格，應該差異都不大。

擁有資訊的投資人，其投標行為會受到其所預知不具資訊投標人的多寡，進而有所改變，因此在玩這個遊戲時，也可以調整具有及不具有資訊人數的多寡比例，看投標行為、得標價格及贏家詛咒現象是否有受到影響。

Chapter 3

風險管理：
無風不起浪的投資人生

如何能有豁達自在的金錢關係？學會理財，透過理財來達成目標。要學會投資，要先認識自己，尤其是個人的風險偏好程度，及消費習慣。再來就是尋求各種投資獲利的機會。投資之餘，不要忘記了金錢的一個功能是在緊急情況下可以提供重要的幫助。

在錢的面前變得很微小，其問題的癥結不在錢不夠，而在於有無自由的金錢關係。但這裡的金錢自由度不是說，要有很多錢才有自由度，這也牽涉到個人的目標，以及對金錢的態度。

3.1

選擇權避險
拍賣式賓果

發給一張紙，紙上有許多 5*5 的方格，讓參與者自己隨機填入 1 ～ 25 號在一個 5*5 的矩陣裡，或是事先印好供參與者使用。主持人依次隨機抽取號碼球，球一旦抽出便不放回。首先連成一線者獲勝。

★參與者先繳交參與費用，譬如每人 10 元。

★選取一張賓果號碼牌，或是讓參與者自行在下列表格中任意填入 1 ～ 25 的數字（參見表 33）。

表 33：5×5 賓果數字表

24	14	18	1	10
3	15	21	23	13
11	9	20	22	7
19	17	5	12	8
2	16	25	6	4

製表人：作者

★莊家開始抽數字。依次抽一個號碼，不放回。

★在抽完第五個數字之後，參與者可以投標出價買自己想要的號碼。

這時可以藉由單一價格標或是複式價格標來標售號碼，出價最高三者得標。參與者在下列表單中計入參與者名字（代號），所欲標購數字及所出價碼（參見表 34）。

表 34：賓果遊戲出價表

參與者代號／名字	所欲標購號碼	出價

製表人：作者

★得標者可以標購任一個他想要的號碼。

得標者在繳交所有的價碼後，得到一個紅色數字牌，譬如說 A 參與者買到了 2 號，B 參與者買到了 4 號，C 參與者買到了 9 號。對於其他未得標者，莊家還是得抽取一張牌，譬如說抽出了 4 號。這時標購到 2 號的 A 參與者可以覆蓋 2 號的空格，標購到 9 號的 C 參與者可以覆蓋 9 號，B 參與者覆蓋 4 號，只是 B 參與者平白浪費了金錢去標一個本來就要出現的號碼。

當之後莊家抽到 2 號時，A 參與者可以覆蓋 4 號。而當之後莊家抽到 9 號時，C 參與者可以覆蓋 4 號。

★最先聯成一線的獲勝。

參與者如何標購號碼，他們會願意出高價來買號碼嗎？

會的，為了要贏，參與者會標購所欲的號碼，只是出價行為上會受到同儕的影響，因此莊家必須視情況調整拍賣的底價及方式。例如開始時未

限底價，大家只會出 1 元、2 元，莊家於是說最低 10 元，結果大家也都出 10 元，不提高價格，變成參與者群聚（Herding）在 10 元。遊戲設計是最高價的三個人得標，但可能出這最高三個價格的人很多，這些人都算得標。

　　這個遊戲中有些人會選擇不買號碼，但花小錢是在買機會，若不買，別人贏的機會就更高了。遊戲過程中，我經常以此鼓吹參與者踴躍競標買號碼。另外我也嘗試在參與人數多時調高獎金，這樣一來，參與的人會更踴躍。

　　一般在玩賓果遊戲的過程中，大家總會希望某個號碼能出現。「拍賣式賓果」即允許參與者可以競標買入所希望出現的號碼。當有利於參與者時，參與者可以執行這個買入選擇權，增加贏的機會。

　　自從開始設計財務遊戲以來，一看到有什麼好玩的遊戲，就想說要如何來轉換成財務相關的遊戲。有一回陪五歲的小女兒參加賓果遊戲，主持人抽過幾個號碼後，女兒就一直希望某個號碼能趕快出現。我當時心想，要是能夠買這個號碼就好了……，而這個念頭啟發我改良原本的賓果遊戲，加入號碼拍賣的部分，讓遊戲參與者能出價標入想要得到的號碼。畢竟有需求，就有人想要提出供給，既然大家心中都有想要的號碼，自然就會產生供給，並且利用拍賣的方式來決定最佳的成交價格。

　　一般在玩賓果遊戲時，主持人收了每個參與人的參賽費，一一抽出號碼球，先連成一線的人好賓果獲勝，但主持人不論參與者多少，通常只給一定數額的獎金。我在玩這拍賣式賓果時會告訴參與者，將會提供所有參與者的參加費，當做是獲勝者的獎金。

那主持人要賺什麼呢？

主持人可以賺到標售各號碼球的價金。

3.2

買保險
卷軸迷宮

每組發一個卷軸迷宮，要求先不要打開，還有一張記帳表。這是小組遊戲，要大家討論要如何在有限的預算裡買合適的保險。參與的每一組有 15,000 元可以買保險，選擇計有火險、地震險、醫療險、住院險、汽車險、手機險、投資型保單等。在開始走卷軸迷宮歷險前，要事先討論好買哪些保險？並在記帳表中列下所買的保險及金額。

第二步是開始走卷軸迷宮，由一位參與者負責開卷軸，記得要慢慢地開。另一位小朋友則用手指慢慢地順著迷宮上的曲線走，待遇到叉路，大家便要討論繼續往哪一條路走。

途中會遇到各種狀況及意外，例如「頂樓加蓋部分失火，損失 5 萬元，但保險不理賠。」這種意外，沒有保險會承保只能自己認賠，在記帳表上打勾，並寫上損失金額。又例如「房屋失火損失 300 萬，保險全賠」。遇到房屋失火，如果有買火險，保險公司會理賠。這一個意外，在記帳表中做記號，但標記損失金額為 0。如果沒有買火險，就要記下損失 300 萬。過程中也會碰到好事，例如「畫畫比賽得獎，獲得獎金 4 萬元。」這筆收入也要載入記帳表中。

待走完全程後，看看記帳表上最後呈現的數字是多少。

玩完遊戲後，許多人會後悔沒有買下某一特定的險種，尤其是汽車險。可以再玩第二次，讓各組交換卷軸，這樣才會有不一樣的歷程。玩第二次時，許多組會改變保險的組合，尤其是會依據第一次遊戲的經驗來做決定。這種按經驗、不按理性分析來做決策的行為，在投資行為上常常被觀察到。在玩第二次開始走迷宮前，可以問問各組為何要做保險種類組合的改變？（參見表 35）。

在做這個遊戲之前，可以先聊聊有關保險的基本介紹。介紹完各種保險的概念之後，讓學生了解有那些保險商品很重要，應該要買的。

期初會有一筆資金，考慮要不要買各類的保險，隨著卷軸的發展，開始會有意外發生，例如生活支出及業外收入等。你是否會半途就破產，還是堅持到最後，仍保持財富自由呢。

利用「卷軸迷宮」的遊戲，讓學生了解「風險」是隨時存在，需事先防範或避險。建議可以「組」為單位，有一筆期初金額，需先決定要不要買哪些種類保險，先扣掉保險費用，再來開始走迷宮。迷宮內有各種意外，就會有損失。一旦碰到了，如果你先前有買保險，就會獲得理賠，但若先前並未買保險，就會有損失，迷宮中也有獲利的機會。待走完迷宮後，看看最後還剩多少錢？這時可以交換組員或換新的卷軸迷宮，重新再玩一次。比較看看自己第一次及第二次遊戲買保險的情形（參見圖 3）。

表 35：卷軸迷宮記帳表

編號	項目	
1	火險	
2	地震險	
3	醫療險	
4	住院險	
5	汽車險	
6	手機險	
7	投資型保單	
8	參加繪畫比賽得獎，獎金 4 萬元。	
9	先前買下的投資型保單大賺錢，扣除保單成本，本利和達到原來投資本金的 120%。	
10	先前買下的投資型保單沒賺錢，甚至倒賠 6%，若再扣掉 14% 的保單成本，餘額只剩原來本金的 80%。	
11	賣掉舊摩托車，獲利 9,000 元。	
12	家教收入 9,600 元。	
13	買了一支新 IPhone 手機，花費 24,400 元	
14	付房租 144,000 元	
15	逛 outlet，買了一個 3 萬元的包包。	
16	逛 outlet，買了 2 萬元的衣服。	
17	付水電費 18,000 元	
18	支付交通費、電話網路費，共計 27,360 元	
19	食物餐飲費 96,000 元	
20	書報雜誌費 21,600 元。	
21	生活日用品花銷，費用 9,600 元。	
22	頂樓加蓋部分失火，損失 5 萬元。保險不理賠。	
23	房屋失火損失 300 萬元，保險全賠。	

+ −		有買保險	實際金額
−	1,800		
−	600		
−	1,200		
−	9,000		
−	5,200		
−	490		
−	5,000		
+	40,000		
+	6,000		
+	4,000		
+	9,000		
+	9,600		
−	24,400		
−	144,000		
−	30,000		
−	18,000		
−	27,360		
−	96,000		
−	21,600		
−	9,600		
−	40,000		
−	50,000		
−	3,000,000		

24	地震基本保險的保險金額上限為 150 萬元，不管全倒或半倒，理賠金額最多就是賠 150 萬元。
25	房子因為地震傾斜了，但並未全部倒塌、甚至未達到倒塌一半的程度，所以還是無法申請地震基本保險的理賠金。損失 30 萬元。
26	車子借友人，竟撞壞了。車主有跟借用人收取租金。依規定，如果車子是出租給別人，有領取報酬的類似行為，造成的損壞保險公司不賠。損失 9 萬元。
27	車子借朋友開，被撞壞了。車體損失險保險條款規定，駕駛人身分為車主友人，非保險條款約定「被保險人」範圍，即配偶、家屬、四等親內血親及三等親內姻親，保險公司回賠給車主，但在賠償金額後，會再向該駕駛人即車主友人追償損失。
28	生病住院，保險公司依照保戶實際支出的收據費用，理賠保險金。
29	因美容整形後復原情況不良，住院觀察後，保險公司表示因正常的懷孕生產、美容整形、犯罪行為，這些事衍生的醫療費用本就不在保險範圍裡，故而不理賠保險金。費用 3 萬元。
30	到日本旅遊，花費 9 萬元。
31	獲得韓國旅遊券，只需再多出 15,000 元即可成行。
32	去韓國旅遊回來竟生病了，就醫花費 5,400 元。
33	發現心臟有問題，必須住院檢查，保險有實支實付理賠。
34	全身健康檢查，做無痛腸胃鏡攝影、胸部 CT 檢查，費用 25,000 元
35	身體健康。

製表人：作者

−	150,000		
−	300,000		
−	90,000		
−	90,000		
−	40,000		
−	30,000		
−	90,000		
−	15,000		
−	5,400		
−	30,000		
−	25,000		
+	無價之寶		

圖3：「卷軸迷宮」示意圖

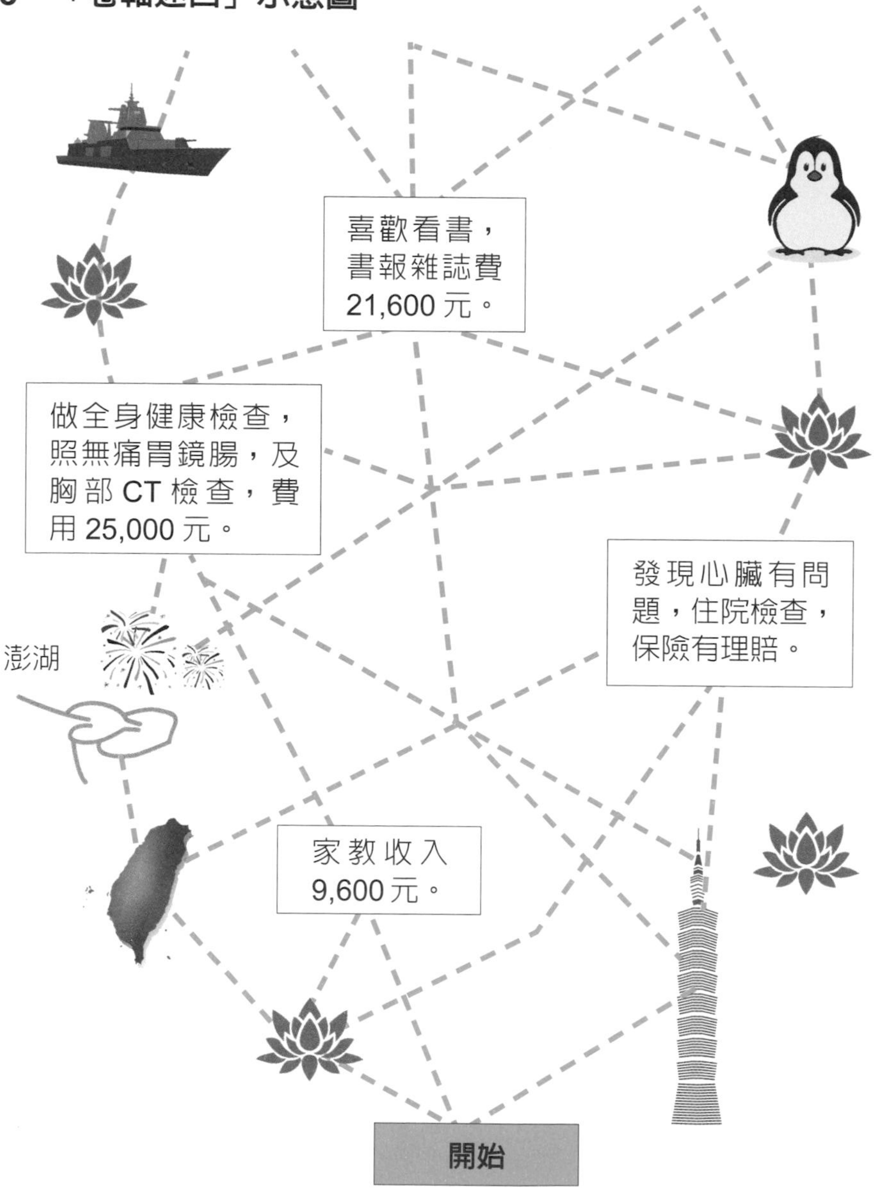

喜歡看書，
書報雜誌費
21,600元。

做全身健康檢查，
照無痛胃鏡腸，及
胸部CT檢查，費
用25,000元。

發現心臟有問
題，住院檢查，
保險有理賠。

澎湖

家教收入
9,600元。

開始

你有15,000元可以買保險，你要準備好哪些保險，來支付你的旅程。

險種	火險	地震險	醫療險	住院險	汽車險	手機險	投資型保單
保費	1,800	1,500	1,200	5,000	5,200	450	5,000

3.3

用英文也說得通⋯⋯
單字大考驗

有很多的財金教育是用「識字卡」（Flash Cards）的形式來進行。我們也設計了類似的遊戲，一方面傳授理財知識，另一方面也讓學生藉此背英文單字。

以國中、小學生來說，我們會準備卡片，一面是印財金名詞的英文單字，另一面是中文解釋。遊戲方式是由學生抽取一張卡片，看是哪一個中文意思，要學生唸出及拼出所相對應的英文單字。

以高中生來說，可以試兩種方式。一種是大家面對螢幕，隨機抽取該財金單字的英文解釋，要大家搶答，唸出該英文單字及拼字，答對的給獎勵。另一種方式是大家背對螢幕，由工作人員抽出一個題目後，唸出該單字的英文解釋，讓大家搶答並唸出及拼出該英文單字，答對給獎品。

課程中所用到的教材，都會先發給學生事前準備。有些學生即使還在讀小學，英文能力就已非常好，但有些小朋友對於背英文單字不感興趣，為鼓勵他們參與活動，那就必須設計有趣的遊戲來因應。例如發糖果的「貪吃蛇」遊戲，也可以應用到此處來。讓小朋友先倆倆面對後猜拳，贏的人問輸的人一個中文意思，要輸的人唸出及拼出所對應的英文單字。如輸的

人答出來，輸的人贏。如輸的人答不出來，輸的人輸。輸的跟在贏的人後面，去找另一組人挑戰。最後給第一名及第二名獎品。

表 36：單字表 A

Equity	股東權益	Gain	利得	Expense	費用
account	帳戶	Goodwill	商譽	Funds	基金
Accounting	會計	Hedging	避險	due	到期
Amortization	攤銷	Households	家戶	Revenue	收入
appraise	估價／估計	Import	進口	Risk	風險
Asset	資產	Indexes	指數	Sales	銷貨
balance	帳戶餘額	Inflation	通貨膨脹	save	儲存／節省
Bank	銀行	Inputs	投入	statement	帳單／報表
Bond	債券	Interest	利息	Stock	股票／存貨
Bonus	紅利	Inventory	存貨	Stockholder	股東
Borrower	借款者	Investment	投資	Supply	供給
Branch	分行	Land	土地	Tax	稅
Broker	仲介市場	Leasing	租賃	transaction	交易
Budget	預算	Lender	放款者	wire	電匯
Capital	資本	Liabilities	負債	withdraw	提款／收回
Cash	現金	Liquidity	流動性	Yield	殖利率
Cash Flow	現金流量	loan	貸款		
check	支票	Loss	損失		
Collateral	擔保品	Marketing	行銷		
commission	佣金	Maturity	到期		

　　活動中並不限定下表這些單字，可視參與者的差異做調整（參見表36、表 37、表 38）。

Compounding	複利的	Monopoly	獨占	
Consumer	消費者	Mortgage	買房的抵押貸款	
Corporation	公司	Net Income	淨利	
Credit Card	信用卡	overdue	過期的 /逾期的	
Currencies	貨幣	owe	欠（錢）	
Debt	負債	payable	應支付的金額	
Default	違約	Payment	定額支付	
Deflation	通貨緊縮	penalty	罰款 / 罰金	
Demand	需求	Portfolio	投資組合	
Deposit	存款	Principal	本金	
Depreciation	折舊	property	財產	
Depression	經濟蕭條	Real Estate	房地產	
Discount	折扣	remit	匯款	
Dividend	股利	Return	報酬	

製表人：作者

表 37：單字表 B

annual fee	A fee is a sum of money that you pay to be allowed
annual percentage rate	The actual yearly cost for the borrowing expressed
asset	A useful or valuable thing owned by an individual or
auto insurance	An insurance purchased by vehicle owners to mitigate
balance	The current total in a savings or checking account,
bond	A type of security that a government or a corporation
brokerage firm	An intermediate that connects buyers and sellers to instruments.
budget	A plan for future spending and saving.
capital	Wealth in the form of money or property owned by a
capital gains	Profits from the buy and sale of an investment.
cash flow	Cash transferred in and out of a business.
Certificate of Deposit	A savings certificate issued by a bank, depositing
collision insurance	Auto insurance that covers certain costs for vehicle
co-payment	A fixed amount for a covered service, paid by a
cost	The price charged for a good or service.
cost-benefit analysis	Compare cost and benefit to see whether the cost
credit	An agreement by which a borrower receives something
credit card	A card issued by a bank. Card holders can use it for
credit score	A number representing a person's creditworthiness.
debit card	Consumers can use the card to make purchasing and
dividend	Companies distribute their earnings to shareholders.
Dow Jones Industrial Average	An index composing 30 stocks in NYSE to indicate the
down payment	The dollar amount that consumers pay at the outset

to do something, like using credit card.

as a percentage.

company.

costs associated with getting into an accident or theft.

or the amount of money owed on a credit card account. bank

borrows money with a set interest rate and maturity date.

complete a transaction for stock shares, bonds, options, and other financial

person of a company.

money for a specified length of time.

damage

patient to the doctor before receiving the service.

of an item is more than, equal to, or less than the benefit.

of value now and agrees to pay the lender at a later date.

purchases and pay the money later.

pay the money out of their checking accounts.

market condition.

of a purchase of a home or car.

entrepreneur	Someone who owns and operates a business.
estate	The property and debts that an individual possess.
expenditures	The total amount of money spent on a specific item
expense	The costs incurred in the course of doing business to
finance	To raise funds for the purpose of a purchase or an
foreclosure	A legal process in which a mortgaged property is taken
grace period	A period of time after payment is due. During the period, owed.
gross income	The total amount of money an individual has earned
income	Money received for products or services.
income tax	Tax paid to the government directly on personal income.
inflation	An increase in the cost of goods and services over time.
insider trading	When someone uses inside information to trade and to
interest rate	The rate at which a borrower pays interest for borrowing
invest	Buying assets today and hope to earn profit over time.
investment strategy	A set of rules to guide an investor's asset selections.
lease	A contract outlining the rental terms of a property.
loan	A contact for money borrowed and paid back with
loan principal	An amount borrowed that remains unpaid.
loan term	A period of time during which a loan is in effect.
market value	The dollar amount for assets or goods can be sold in
mortgage	A loan borrowed in order to purchase property.
mortgage payment	The payment a borrower pays periodically toward the
mutual fund	An investment fund consisting of a portfolio of stocks,
NASDAQ	The full name is the National Association of Securities system for trading in securities.
net income	The amount an employee earns once costs including

or for a particular purpose.

generate revenue.

investment.

because the mortgage is default.

a borrower is allowed to make that payment without adding to the interest

before costs are taken out.

gain from an investment.

money.

interest over time.

the market.

purchase of a home.

bonds,or other securities, overseen by a professional money manager.

Dealers Automated Quotations（NASDAQ）, which is a computerized

taxes are deducted from his or her gross pay.

(NYSE) New York Stock Exchange	Located in New York City, which is considered the capitalization.
opportunity cost	The loss of potential gain from other alternatives when
premium	The amount paid to an insurance provider to maintain
property tax	A tax on property based on its estimated value.
purchasing power	The financial ability to buy goods or services.
recession	An economics term to indicate the period of economic
risk	The possibility of losing money.
savings account	An account you save your money in a bank.
scholarship	An award of financial aid for the purpose of education.
service fees	A fee collected to pay for the service.
shareholder	The one who owns shares of stock in a company.
simple interest	An amount earned on principal
stock market	A market in which shares of stock are traded.
stocks	A kind of securities represents a share in the ownership
yield	The income generated by an investment, usually

製表人：作者

largest equities-based exchange in the world based on total market

one alternative is chosen.

an insurance plan.

decline during which trade and industrial activity are reduced.

of a company

expressed as a percentage of the investment's market price or face value.

表 38：單字表 C

會計	Accounting	根據一些原理及原則，來記錄企業日常的營運活動
	Assets	企業，組織，或個人所擁有的有價值的物品。
銀行	Bank	金融機構，可收受存款，提供貸款，及各項金融服
破產	Bankruptcy	當企業或是個人無法支付其負債時會進入破產狀態。
比特幣	Bitcoin	一種在網路上所創造出來的虛擬貨幣，可用來當支
債券	Bonds	企業或政府所發行用來籌措資本的一種證券，答應
預算	Budget	預估規劃一段期間內所需的支出及可能收入。
信用卡	Credit cards	由金融機構發行交由持卡人使用來購物或是支付勞
負債	Debts, liability	欠款的餘額。
需求	Demand	指的是所想要取得的物品或是服務
違約	Default	無法履行原先的承諾，尤其指的是不按原來約定還
存款	Deposit	把錢存在銀行裡賺利息。
支出	Expenditure	因購物或是接受服務時所應支付給人家的費用。
財務	Finance	管理金錢，投資，及融資的事。
外匯	Foreign exchange	不同國家的貨幣之間的交易和兌換。
基金	Fund	很多投資者將他們的資金交給基金公司由專業經理 實現預期的投資目標。
收入	Income	因出售物品或是提供他人服務而收取的金錢報酬。
通貨膨脹	Inflation	物價水準一直上漲的情形。
保險	Insurance	向保險公司支付保險金以保障將來可能發生的損失
利息	Interest	資金借貸時，借款人向資金貸出者所支付的金錢代
利率	Interest rate	利率是貸款的成本或是儲蓄的收益率。
投資	Investment	將資金投入各項資產中以期將來能獲得回報或是利

，並整理成表。

務。

付工具。

給予投資人利息，及最後償還本金。

務服務。先使用後付款，發行機構賺取持卡人未付款的餘額的利息。

款時。

人來協助他們投資於股票、債券、貨幣市場工具、房地產或其他資產，以

能獲得補償。

價。

潤的行為。

租賃	Lease	一種契約，出租人同意將財產、設備、或房地產租
借款	Loan	向金融機構或是個人借入一筆錢，並答應支付利息
市場	Market	買賣商品或是服務的地方或是機制。
貨幣	Money	一種用來購買物品或是勞務的支付工具。
房屋貸款	Mortgage	以所持有的房屋為擔保品向金融機構借錢。
價格	Price	一個物品或是勞務的費用或是成本。
本金	Principal	一筆投資或是貸款的起始金額。
財產	Property	個人或是機構所擁有的資產，如房屋，不動產，珠
房地產	Real Estate	指的是土地、建築物、及其上的自然資源
報酬	Return	投資活動中所獲的的收益。
風險	Risk	損失的可能。
儲蓄	Savings	將資金存放在銀行帳戶、投資或其他方式以儲存積
股票	Stocks	一種金融工具，買股票，擁有一家公司的所有權，
供給	Supply	提供物品或是勞務給需要的人，以賺取相對的收入。
稅	Tax	稅是政府向個人或是企業收取的財政收入，以支應

製表人：作者

給承租人以換取租金收入。

及還本金。

寶，股票車輛等。

累資金的行為。

參與股利的分配。

政府的各項支出。

3.4

「眾志成城」不是喊假的

猜豆子

主持人準備兩盒豆子，一盒明確告知參與者是 500 顆綠豆，讓參與者拿來當做比較基準，另一盒則是讓參與者猜猜其中到底有多少顆綠豆？這個遊戲是要大家猜猜罐子裡有多少顆綠豆？最接近真實數目的人贏（參見圖 4）。

這個遊戲可用來說明共同基金中「期望值」的概念，說明共同基金如何納入各方意見來進行投資。施作的結果往往是許多人猜的數字，比所有人數字的平均數，距離真實數字更遠，反倒是平均數字往往離真實數字很近。也就是說，所有人猜的數目的平均數，是一個比大多數人都要準的數字。這說明了大多數人意見的綜合，往往要比單獨一個人的意見更具公信力，所以，沒有資訊的人最好相信大家平均的意見。

也就是說，散戶最好能透過共同基金來投資。

共同基金聘用很多人在蒐集、分析資訊，會有比大多數人要有充分的資訊與專業的判斷，因此，共同基金會比個人判斷要準確。當個人不了解股票時，購買共同基金會比較妥當；當然，要是你本身即具備蒐集與分析資訊的能力，自然就不需要購買共同基金，付給基金管理人管理費及手續

費了。

　　這個遊戲很簡單且有趣。試玩幾次之後發現，確實平均數字要比許多人的數字要準。這足以說明統計學上所說「最佳的預測值是平均值」，以及集眾人的意見會比個別意見來得準。另外，這個遊戲有時也會出現所謂「追隨潮流」（Bandwagon）的現象，也就是後來的人會參酌一開始時的猜測數字，所以必須事前約定，每個人先寫下所猜的數字，不可中途反悔。如果要測試是否有追隨潮流的現象，可以先指定槍手進行錯誤喊價，看看能否誤導參與者，檢測是否真的存在著「追隨潮流」流的現象。

圖4：

3.5

固定 VS. 機動利率
擲骰子

這個遊戲是投資人要決定存機動利率還是固定利率。莊家會先擲骰子決定經濟情勢。遊戲的設定是有一半的機會經濟會擴張，有另一半的機會經濟會衰退。由莊家擲骰子決定情境（1、2、3 為景氣擴張；4、5、6 為景氣衰退）。

在不同經濟情境下利率的走勢會不一樣，其設定如下。

> **A. 景氣擴張期**
>
> 固定利率：6.5%
>
> 浮動利率：期初：5%

表 39：景氣擴張期利率變化表

骰子擲出	1	2	3	4	5	6
利率增減	-1%	0%	1%	2%	3%	4%

製表人：作者

B. 景氣衰退期

固定利率：6.5%

浮動利率：期初：8%

表 40：景氣衰退期利率變化表

骰子擲出	1	2	3	4	5	6
利率增減	1%	0%	-1%	-2%	-3%	-4%

製表人：作者

　　由投資人決定是要存固定利率還是機動利率，莊家每回擲一次，骰子決定下一期利率是多少？例如若情境是景氣衰退，那麼選固定利率的人，每期的利率就是 6.5%；而選機動利率的人，第一期利率是 8%，至於第二期的利率則要視擲骰子的結果而定，例如擲得點數 1，利率不減反增，會成為 9%。如果下一次再擲得 1 點，那利率就會變成 10%。如預期景氣持續衰退，理應選擇固定利率，但利率就是這麼難掌握。在 2008 年金融風暴爆發之前，市場利率已有上揚趨勢，許多人因此選擇機動利率來存款。但等到金融風暴爆發後，台灣如同美國一般，一再地調降利率來刺激經濟，這時選擇機動利率的存款戶就準備遭遇損失了……。

　　在這個例子中，我們是設定機動利率的 5 年簡單平均利率等於固定利率。

　　也可用幾何平均或其他利率模型來計算。

　　很多人會問，存款是要存機動利率還是機動利率？其實這要視對未來利率走勢的預期。當預期利率往上走時，請選擇機動利率，因爲存款利率會愈來愈高；但要是預期利率往下走，那要選擇固定利率，藉以鎖住利率的高低。

3.6

賺利息，方法千百種
標會好不好

　　這個遊戲是要讓參與者考量市場利率變化，決定應於何時參與競標，贏得標會。當銀行利息較高時，應該即早標下會來，再將標得的資金轉存入銀行，賺得較高的利息收入（參見表 41）。

★有 4 個人，共有四期。

★每一期要標會之前，先擲骰子決定單期利率，1 點算 2%。例如擲出 3 點，即是利率 6%，擲出 6 點，則利率為 12%。

★本金是 100 元。

★四個人參與互助會，參與者需決定何時競標、及決定標金。「活會」會員出價競標，由出利息標金最高者得標。「死會」會員繳 100 元，而「活會」會員繳 100 元扣掉利息得標金 [1]。收齊後交給投標者，在本遊戲中，投標者拿到錢之後是轉存入銀行取得後續由擲骰子所決定的利率來計算報酬。

★這個遊戲中強制每一個活會都必須出價。（大家若都不出價，就必須用抽籤決定誰得標，得標價格一律為 8 元利息。）

★在此遊戲中，四期後結算最高終值的人為優勝者。

表 41：標會情境 A

第幾期	1		2		3		4
存款利率	2%		10%		6%		12%
得標金							
會首	300		-100		-100		-100
		306	206	226.6	126.6	134.196	34.196
會員一	-100		280		-100		-100
		-102	178	195.8	95.8	101.548	1.548
會員二	-100		-90		294		-100
		-102	-192	-211.2	82.8	87.768	-12.232
會員三	-100		-90		-94		300
		-102	-192	-211.2	-305.2	-323.512	-23.512

製表人：作者

我們來看兩種狀況。第一種狀況是：

1. 各期利率各為 2%、10%、6% 及 12%。

2. 會首第一期拿回 300 元，後各期付出 100 元。最後，四期後，淨值是 34.196 元。

3.【會員一】在第二期以投標金 10 元得標第一期付出 100 元，第二期拿回 280 元（100+90+90）。第三及第四期各繳 100 元。最後淨值 1.548 元。

4.【會員二】在第三期以投標金 6 元得標領回 294 元（100+100+94）。最後淨值為 -12.232 元。

5.【會員三】一直沒得標，第一期繳 100 元，第二期繳 90 元，第三

期繳 94 元，第四期拿回 300 元。最後淨值爲 -23.51 元

　　在這個情境裡，會首肯定會賺錢，因爲他先從各會員收取 100 元，存入銀行轉利息，每期只繳回 100 元，也不須繳利息，可說是賺工錢。但一般會首可能是當下需要用錢，所以一旦拿到錢後往往就馬上用掉了，而不是存進銀行賺利息。

　　在這個情境裡，一直沒有標到的【會員三】註定是賠的。因爲他一直拿錢出去卻少賺到利息錢，最後只拿回 300 元。整個投資以 6% 報酬率來看，淨現值（NPV）是 -16.68，並不划算。如果報酬率是 2%，則 NPV 會是 +4.11。也就是說，除非市場利率很低，否則想以標會來當投資，註定是不划算的。以各期存款利率都是 2% 來看，各會員的償付情況如下表（參見表 42）。

　　標會是大家非常熟悉的一種儲蓄及借錢的方法，左右鄰舍、親朋好友共組互助會，互通有無。有錢的人去參加標會，一來可賺些利息，二來可幫助親友，是將錢存在銀行以外的另一項選擇。對需要資金的人來說，往往在遭受到銀行拒絕後，轉向參加標會來取得資金，所以標會可說是到銀行借貸的一個替代品。投資者會面臨存錢到銀行或參加標會的選擇問題。

　　參加標會最大的風險即是違約風險，若有人倒會，將導致參加標會的人血本無歸……。在此我們將單獨考慮存錢到銀行或參加標會，兩者如何受到利率變化的影響，以及在審視市場利率條件後，應在何時競標及如何決定出價的高低。也就是說，我應該在何時出價？標金又該寫多少？

表 42：標會情境 B

第幾期	1		2		3		4
存款利率	2%		2%		2%		2%
得標金							
會首	300		-100		-100		-100
		306	206	210.12	110.12	112.3224	12.3224
會員一	-100		280		-100		-100
		-102	178	181.56	81.56	83.1912	-16.8088
會員二	-100		-90		294		-100
		-102	-192	-195.84	98.16	100.1232	0.1232
會員三	-100		-90		-94		300
		-102	-192	-195.84	-289.84	-295.637	4.3632

製表人：作者

　　一般標會的程序是這樣，會首在招募會員時會先收下一次足額的本金，例如找 30 人參加，每人收 1 萬元，因此會首會先收到 30 萬元。待下個月第一次開標時，有意競標者必須寫下一個價格，這個價格除以本金後就是「利率」的概念，想要投標的人應該參考市場利率去投標。待開標後，以出價最高的人得標，遇有相同最高價時，可抽籤決定得標者。

　　我記得小時看開標，解決上述多人同價問題的方法是，將所有標單排成一列，會首以翻日曆的方式，單號從右邊起開標，雙號從左邊起開標，先開出的最高價者即為得標者。例如得標價是 500 元，那每位會員這次就要繳 9,500 元，會首是被當成死會，要繳足額本金 1 萬元。所以，會首借

錢是不用還利息的，但要提供勞務。如果沒有人投標，則抽籤決定誰得標，利息標金一律訂為 500 元。如此每月重覆一次開標活動，會員必須視自己需要及市場狀況，決定何時競標？

標會是民間常用的借貸方法，在我們的遊戲中，我們主要是以「儲蓄」的角度來探討這個遊戲。若以「借錢」的角度來玩這個遊戲，意思其實是一樣的。當市場利率較高時，向銀行借錢取得資金的成本較高，就應該積極投標，標得會錢。很多人在購屋或投資需要用錢時，都會先考慮手邊可動用的資金有多少？之後再考慮是否得向親朋好友借錢，而標會就是許多人用來募資的一種變通辦法。

標會有風險，總有可能會有人倒會，在這個遊戲的設計中，我們不考慮有人倒會的情形。在遊戲設定環境中，我們可以假設當市場利率很高時，有人會因為付不出標會的利息而選擇倒會。另外，當市場利率低於一定水準時，會員投標意願會降低，若以儲蓄角度來看，標來的錢存進銀行，利息太少；若以借款者角度來看，與其標會得付高利息，還不如直接向銀行借。

民間的標會會盛行，另一個主因是個人的信用徵信不像銀行那麼嚴格，所以容易取得資金；但相對地，參加標會的人所需承擔的風險就高了。

---

1. 所以這裡的遊戲設計是採「內標制」，死會會員在「外標制」中則是要繳 100+ 得標金，活會會員繳 100 元。標會中的標金相當於利息。

3.7

說得好聽，更要做得好看
看誰簡報做得好

以小組為單位，抽一個題目，給各組一點時間做準備，製作 3 分鐘簡報比賽。簡報題目舉例如下：

★比較需要與想要

★記帳的好處

★儲蓄的好處

★儲蓄賺利息，單利與複利的差別

★舉債的優缺點

★比較零用錢拿取方式的差異：一次給定額 VS. 需要的時候再要

★編制一份「來去高雄 5 日遊」的預算表

★介紹股票及債券

★介紹房屋貸款

★介紹醫療保險，投資保險及人壽保險

★介紹股票市場

★資產與負債表

★商業銀行在做些什麼

★比較「抽泡麵」遊戲中的投資策略

★權衡風險與報酬

★心得報告，今天哪一個遊戲最有趣，爲什麼？

大家可以出其他題目，不侷限於上面這些題目。在活動中會安排簡報比賽，一來加強學生的學習動機，二來給學生練習表達能力。現在的小朋友表達意願及能力愈來愈強，雖是理財教育活動，但訓練小朋友的表達能力也是一件重要的事情。

多次實行的結果發現，小朋友都極願意上台發表。小朋友善用網路，蒐集資訊，迅速作成簡報。有學校會準備平板電腦給小朋友查詢資料，有學校的小朋友用 PPT 來做簡報。但因爲時間有限，用 PPT 的存取時間往往會耽誤時程，所以我們多鼓勵小朋友以口頭在三分鐘內報告完畢。小朋友們也都能在有限時間內，將重點有條不紊的陳述。

我們鼓勵小組成員都要上台輪流報告，但不設限。工作人員與學校老師會一起評比，找出最佳表現的組別，給予獎品鼓勵。

不同地區，不同學校的學生的上台發表能力有所不同，希望藉理財教育活動期間，也訓練學生的表達能力。

3.8

___

計畫總趕不上變化
抽福袋

　　課程結束前的最後一個遊戲是標售福袋。

　　拿出福袋，不公布內容物，但眞實價值通常不低，要求大家以「組」為單位，拿出 1 元銅板（或是財金教育券）來競標。但只能是 1 元銅板（或是財金教育券），不能是其他幣別。

　　由出價最高的組得標。

　　在每一回帶領遊戲的最後，我總是喜歡玩一個標售福袋的遊戲。我會準備一袋禮品，內容視參與者特性會做調整。投標前，可以事先告訴參與者有哪些內容，也可以不說。遊戲是要各組蒐集所有人的 1 塊錢銅幣，拿出最多 1 塊錢銅幣的組獲勝，可以買回我手中的禮品。

　　問題是，很多參與者手上的 1 塊錢銅板，通常在玩「抽泡麵」遊戲時，因爲沒抽到，心有不甘，往往已經用掉大部分的資金。所以很多人等到這時候總會後悔，沒有留下 1 元銅板來參與競標。

　　保留一些現金以備不時之需，既可確保緊急時有錢可用，另外若有好的投資機會，也可把握機會，進場投資。尤其是對一些有明顯季節變化的事業經營者；工作較不穩定的，如包工；主要收入是佣金收入者；身體健

康不佳者；小孩準備要上大學或出國念書者……，這些人都應有所準備，備妥足夠的現金。畢竟保留足夠現金，身邊留個底也較能保持免用負債，不用跟人借錢。

投資機構也都會預備現金，例如國庫券、定期存單等流動性高的投資，以備不時之需，有時是拿來因應好的投資所需資金，有時是因應擠兌時的現金需求。個人更是應該要有所準備，留些現金以備不時之需。

有人建議說至少要保有 6 個月生活所需的現金，當然這裡所謂的現金也包括存在銀行中隨時可動用的錢。保留的現金愈多，你就愈不用害怕生活臨時發生變故，但這也失去了利用這些錢去賺錢的機會，也就是機會成本高，因此要放多少現金，可視個人狀況而定，有些家長因為想替孩子預備教育基金，所以會提前預備。有些人則是剛買房子，可動用的現金相對較少。

有一個客觀的準則是說，為確保不跟人借錢，那就多存一點錢備用。

這個遊戲其實具備多重涵義，首先是要告訴大家，口袋中留些銅幣以備不時之需，有時候要打個公用電話或坐公車時，常會找不到銅板，當下你就會知道，留些銅板在身上有多重要，以此引申至個人理財，凡事留個底，以備不時之需。

總會有人在玩這個遊戲時，抗議自己早在玩「抽泡麵」遊戲時，便把 1 元銅板用光了，尤其是有人在正式玩完「抽泡麵」遊戲後還一直掏出銅板來抽，非要抽中為止，把銅幣用光了……。這個狀況又引申告訴參與者，投資要適可而止，不要一下子投入所有資金。

　　玩這個遊戲總是莊家在賠錢，像是贏家只用 27 元買到我所準備的 500 元茶葉。有時參與者在蒐集不到 1 元銅幣時，還會很好心地怕我賠錢，急呼要我改蒐集 10 元硬幣……。只是改為 10 元硬幣，贏的人還是都會獲得價值比出價高許多的獎品。當然出價比禮品價值高的可能性是有，這時有些組又會想，要是把銅幣都拿出來，買到的物品搞不好價值還比蒐集到的銅板還低。這是一個賽局（Game），要是不拿出所有硬幣，你就可能不會贏；但若是拿出所有硬幣又可能面臨贏家詛咒。不過我知道大家是不會帶太多硬幣在身上的，而我又會準備價值高的禮品，所以買到的組都會是賺到的，這是這些財務遊戲的目的，讓大家開心地學習財務概念，投資賺大錢。

識財經
理財玩很大

作　　　者　姜堯民
視覺設計　徐思文
主　　　編　林憶純
行銷企劃　蔡雨庭

總 編 輯　梁芳春
董 事 長　趙政岷
出 版 者　時報文化出版企業股份有限公司
　　　　　　108019 台北市和平西路三段 240 號 7 樓
　　　　　　發行專線—（02）2306-6842
　　　　　　讀者服務專線— 0800-231-705、（02）2304-7103
　　　　　　讀者服務傳真—（02）2304-6858
　　　　　　郵撥— 19344724 時報文化出版公司
　　　　　　信箱— 10899 臺北華江橋郵局第 99 信箱
時報悅讀網— www.readingtimes.com.tw
電子郵箱— yoho@readingtimes.com.tw
法律顧問—理律法律事務所 陳長文律師、李念祖律師
印　　　刷—勁達印刷有限公司
初版一刷— 2023 年 12 月 22 日
定　　　價—新台幣 360 元

時報文化出版公司成立於 1975 年，並於 1999 年股票上櫃公開發行，於
2008 年脫離中時集團非屬旺中，以「尊重智慧與創意的文化事業」為信念。

理財玩很大 / 姜堯民作 . -- 初版 . -
臺北市：時報文化出版企業股份有限公司，2023.12
　160 面；17*23 公分 . -- （識財經）
　ISBN 978-626-374-413-4（平裝）
　1.CST: 理財 2.CST: 遊戲教學
　　　563　　　　　　　　　　　112016121

ISBN 978-626-374-413-4
Printed in Taiwan